アイヌ共有財産裁判

小石一つ自由にならず

小笠原信之 著

緑風出版

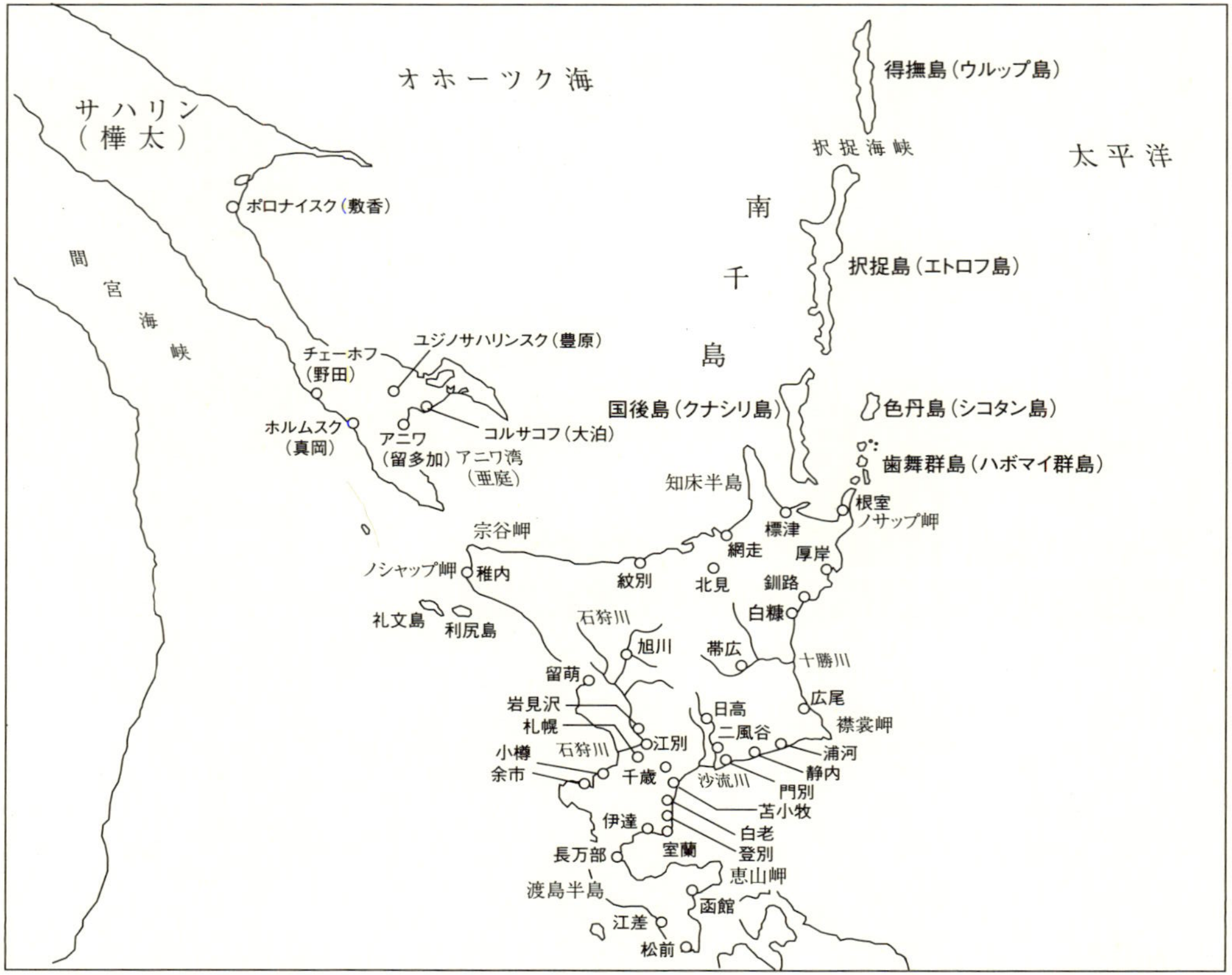
オホーツク海
サハリン
（樺太）
ポロナイスク（敷香）
間宮海峡
チェーホフ
（野田）
ユジノサハリンスク（豊原）
ホルムスク
（真岡）
アニワ
（留多加）
コルサコフ（大泊）
アニワ湾
（亜庭）
得撫島（ウルップ島）
択捉海峡
太平洋
南千島
択捉島（エトロフ島）
国後島（クナシリ島）
色丹島（シコタン島）
歯舞群島（ハボマイ群島）
知床半島
根室
ノサップ岬
標津
宗谷岬
網走
厚岸
ノシャップ岬
稚内
紋別
北見
釧路
白糠
礼文島
利尻島
石狩川
旭川
帯広
十勝川
留萌
広尾
岩見沢
日高
襟裳岬
札幌
二風谷
江別
浦河
小樽
石狩川
静内
余市
千歳
沙流川
門別
苫小牧
伊達
白老
室蘭
長万部
登別
恵山岬
渡島半島
函館
江差
松前

目次

第三部　扉をこじ開けた

アイヌ関係地図

サハリン（旧樺太）
ユジノサハリンスク（豊原）
コルサコフ（大泊）
ネヴェリスク（本斗）
ノビコボ（弥満）
アニワ湾（亜庭）
ゴルノザボーツク（内幌）
得撫島《ウルップ》
千島（クリル）列島
択捉島《エトロフ》
オホーツク海
宗谷岬
ノシャップ岬
稚内
礼文島
利尻島
国後島《クナシリ》
知床半島
色丹島《シコタン》
紋別
歯舞群島《ハボマイ》
網走
標津
北見
ノサップ岬
根室
日本海
留萌
旭川
厚岸
上士幌
釧路
石狩川
白糠
帯広
岩見沢
鵡川
小樽
茅室
江別
幕別
穂別
日高
十勝川
余市
札幌
厚真
千歳
二風谷
苫小牧
広尾
浦河
虻田
白老
鵡川
沙流川
門別
静内
襟裳岬
長万部
登別
伊達
室蘭
渡島半島
函館
恵山岬
江差
海峡
軽
津
下北半島
松前
太平洋

第一部　チャランケ

今の世の中、何が起きるかわからない。私も多少のことでは驚かなくなったつもりだが、それでもびっくりさせられる事件が今、北海道で進行している。世にも理不尽なその話を、これから詳しく紹介しよう。

ただし、歴史や法律が複雑にからむので、ややもすると無味乾燥な論文みたいになってしまいそうだ。できるだけわかりやすくして、読む人にすっきり理解していただきたい。どんな話なのか、まずは大まかなイメージをもってもらおう。たとえ話から始める。

ஐ「預かっていたお金を返してやる。ただし……」

「お前さんたち一族は金銭感覚が鈍いし、管理能力もないから、代わりにアタシが土地やお金を預かって、殖やしてあげよう。殖やしたお金で、作物の種や農具を買ったり、子供に教育をつけたり、困ったときのあてにすればいい」

ある日、突然、ムラのボスが一方的にこう宣言し、「無知蒙昧」な村人が共有する現金と不動産などを預かってくれることになった。この親切の押し売りに村人たちは、「いえいえ、それには及びません」と異議申し立てすることはできなかった。逆らうと痛い目に遭うことは、それまでの経験で十分すぎるほど知っていたからだ。しかも、ご丁寧にムラの「掟」まで新しく作って強制されたものだから、断りようがなかった。

それがざっと一〇〇年前のこと。それから代を三代も四代も重ねてやっと最近、ボスの子孫が偉そうにこう言った。

「あんたたちも、ようやく自立できるようになったね。もう大丈夫だ。それじゃあ、ずっと預かっていた財産を返してやるとしよう。だけど、なにしろ、じいさんの頃や、そのまたじいさんの頃のことだからね、帳簿もほとんど残っていないのだよ。ただし、幸い手元に銀行の預金通帳が残っているので、そこに載っているお金を返してやろう。といっても、お前さんたち一族の子孫はあちこちに散らばってしまったね。じゃ、こうしよう。一年以内にだね、自分には返してもらう権利があると思う者は、私のところに証拠の書類をそろえて名乗り出ておいで。偉い先生たちに審査してもらってパスしたら返してやろう。くどいようだけど、期限は一年だからね」

この報せは官報に載せられ、ムラの広報誌や新聞の広告、さらには今はやりのインターネットまで使って知らされた。

でも、村人の子孫たちはこの報せの意味さえよくわからなかった。つまり、自分たちの先祖の財産をボス一家が預かっていたことも知らなければ、これまでに管理の経過報告を受けたこともなかったし、たとえばこの財産で上の学校に進学させてもらうなど、直接的に恩恵に浴した覚えもなかったからだ。

であれば、公告やら新聞広告などを見ても自分に関係すると思った者は少なく、その結果、名乗り出る者もほとんどいなかった。

わずかに名乗り出た者たちはといえば、その報せの中身を見てびっくりしていた。返す財産は全部でわずか二六件、一四七万円しかないというのだ。一〇〇年間には物価も桁違いに上昇しているはずなのに、通帳の数字をそのまま寄せ集めたものだった。

「これはひどい」「件数ももっとあるはずだ」「最近の通帳だけ見せられても信用できない。昔の原簿を見せてほしい」「なんで一年間と区切るのだ」「ボスが村人の戸籍も全部知っているのだから、子孫もそちらで探して返すべきだろう。それを自分から申し出ろなんて、おかしいぞ」

名乗り出た村人の子孫たちから、こんな疑問や憤りの声が沸き起こった。「こんないい加減なお金を返してもらっては、ご先祖様と子孫に言い訳が立たない。返済をストップさせ、出るところに出て決着をつけるべきだ」。中心になる人物がこう提案した。さあ、いよいよチャランケの始まりだ。

チャランケというのは、この村人たちの言葉で、談判のこと。争い事があっても、平和を愛するこの人たちはけっして暴力に訴えず、とことん話し合って解決する伝統がある。それを始めようというのだ。

事件の発端までをかいつまんで説明すると、こんなことだ。「村人」というのはアイヌの人たちであり、お金を預かっていたのが北海道知事、「ムラの掟」が「北海道旧土人保護法」にあたる。

さて、ここからは現実に即して話を勧める。事件は、一九九七年九月五日、官報に載せられた北海道庁の公告から始まった。公告の内容は次の通りであった。

公　告

アイヌ文化の振興並びにアイヌの伝統等に関する知識の普及及び啓発に関する法律（平成九年法律第五二号）附則第三条第三項の規定に基づく北海道旧土人共有財産返還請求書（以下「返還請求書」という。）の請求先及び返還請求書その他添付すべき書類の提出先等を次のとおり公告します。

平成九年九月五日

北海道知事　堀　達也

一　請求先及び提出先　〒〇六〇　北海道札幌市中央区北三条西六丁目
北海道環境生活部総務課アイヌ施策推進室
電話〇一一―二三一―四一一一（内線二四―一三五）

二　提出方法　直接持参又は郵送（書留）

三　提出期間　平成九年九月五日から平成一〇年九月四日（郵送の場合、平成一〇年九月四日消印まで有効）

四　受付時間　九時から一七時一五分。ただし土曜日、日曜日、祝日、年末年始（一二月二九日から一月三日）は受付しておりません。

第52号）付則第3条第2項の規定に基づき、次のとおり公告します。

北海道知事　堀　達也

財産の目的	本公告時における財産種別及び金額	備考
旧土人ノ救護、住宅改善及教育ノ資ニ充用スルモノトス	現金　63,095円	
同	現金　1,670円	
同	現金　54,015円	
就学奨励及育英ノ資ニ充ツルモノトス	現金　198,415円	現在管理しているのは現金のみです。
同	現金　13,445円	現在管理しているのは現金のみです。
旧土人ノ救護住宅改善及教育ノ資ニ充用スルモノトス	現金　20,656円	
同	現金　1,516円	
同	現金　581円	
同	現金　26,944円	
同	現金　10,153円	
同	現金　1,375円	
同	現金　2,375円	現在は、白老郡白老村旧土人共有として、一体的に管理しています。
備荒ノ為メ儲蓄スルモノトス		
旧土人ノ救護住宅改善及教育ノ資ニ充用スルモノトス	現金　3,852円	
同	現金　2,646円	
同	現金　9,408円	
旧土人ノ救護、住宅改善及教育ノ資ニ充用スルモノトス	現金　100,091円	現在管理しているのは現金のみです。
共有土人ノ救護並ニ福利増進ノ資ニ充ツ	現金　754,519円	現在管理している金額の中には、昭和9年11月1日北海道庁令第84号及び昭和9年11月13日北海道庁令第92号により指定した土地に係る収益が含まれていますが、当該土地については昭和24年に共有者に返還済みです。
共有土人ノ救護並ニ福利増進ノ資ニ充ツ		
共有土人ノ救護並ニ福利増進ノ資ニ充ツ		
厚岸町居住ノ旧土人救護ニ充ツルモノトス	現金　28,342円	左記土地は、昭和27年9月13日北海道規則第174号により指定を廃止し、共有者に返還済みです。現在管理しているのは現金ですが、この現金は、当該土地から生じた収穫が原資となっています。

公　告

アイヌ文化の振興並びにアイヌの伝統等に関する知識の普及及び啓発に関する法律（平成9年法律
平成9年9月5日

番号	北海道庁令又は告示の番号及び年月日	共　有　別	指定当時における財産種別	指定当時における数量又は金額
1	昭和6年10月2日北海道庁令第44号	河西郡芽室村旧土人共有	現金	金　1,300円
2	同	河東郡上士幌村旧土人共有	同	金　280円
3	同	中川郡幕別村旧土人共有	同	金　2,400円
4	昭和6年12月24日北海道庁令第53号	全道旧土人教育資金	公債証書及現金	金　6,206円
5	同	天塩国天塩郡、中川郡、上川郡旧土人教育資金	同	金　266円
6	同	勇払郡鵡川村旧土人共有	現金	金　500円
7	同	勇払郡苫小牧町旧土人共有	同	金　100円
8	同	虻田郡虻田村旧土人共有	同	金　70円
9	同	勇払郡穂別村旧土人共有	同	金　1,000円
10	同	勇払郡厚真村旧土人共有	同	金　300円
11	同	虻田郡弁辺村旧土人共有	同	金　100円
12	同	白老郡白老村旧土人共有	同	金　135円
	明治36年1月23日北海道庁令第10号	胆振国白老郡白老敷生両村旧土人共有	同	金　100円
13	昭和6年12月24日北海道庁令第53号	有珠郡伊達町旧土人共有	同	金　58円
14	同	室蘭市旧土人共有	同	金　120円
15	同	沙流郡各村旧土人共有	同	金　349円
16	昭和6年12月24日北海道庁告示第1400号	色丹郡斜古丹村旧土人共有	公債証書、勧業債券、拓殖債券及北海道拓殖銀行株券	金　5,305円
17	昭和9年11月1日北海道庁令第84号	旭川市旧土人50名共有	畑	61町2反8畝26歩
			宅地	36,164坪5勺
			田	7町9反3畝19歩
			原野	2町6反5畝11歩
	昭和9年11月13日北海道庁令第92号	旭川市旧土人50名共有	畑	4町歩
	昭和17年6月6日北海道庁告示第947号	旭川市旧土人共有	現金	金3,112円98銭
18	大正13年2月21日北海道庁令第21号	厚岸群厚岸町土人共有	雑種地、海産干場	2町4段2畝8歩
			畑	1町5段24歩
			宅地	3段27歩5合

公　告

戦前から北海道庁長官（北海道知事）が管理している次の財産について、権利を有すると思われる方は、本公告の日から起算して1年以内に、北海道環境生活部総務課まで申し出て下さい。

平成9年9月5日　　北海道知事　堀　達也

記

1　所　有　者	中川村共有
・昭和18年4月1日における管理金額	1,670円57銭
・現在の管理金額	9,867円
2　所　有　者	荒井ペラコアー
・昭和18年4月1日における管理金額	938円86銭
・現在の管理金額	14,951円
3　所　有　者	門野ハウトムテイ
・昭和18年4月1日における管理金額	93円99銭
・現在の管理金額	1,018円
4　所　有　者	野崎アレキテ
・昭和18年4月1日における管理金額	572円89銭
・現在の管理金額	8,920円
5　所　有　者	色丹村共有
・昭和18年4月1日における管理金額	7,077円97銭
・現在の管理金額	117,118円
6　所　有　者	栗山国四郎
・昭和18年4月1日における管理金額	2,454円14銭
・現在の管理金額	17,253円
7　所　有　者	鍋島徳太郎
・昭和18年4月1日における管理金額	55円76銭
・現在の管理金額	397円
8　所　有　者	甲地豊雄
・昭和18年4月1日における管理金額	802円61銭
・現在の管理金額	5,716円

〔連絡先〕

住所　北海道札幌市中央区北3条西6丁目

電話　011-231-4111（内線24-135）

北海道

『北海道旧土人保護法に基づく共有財産』の返還手続きについて

道では、北海道旧土人保護法が廃止されたことに伴い、
これまで知事が管理していた共有財産の返還手続きを行なっています。

受付期間:平成10年9月4日㊎まで

対象となる共有財産の区分とその金額

1	河西郡芽室村旧土人共有	63,095円
2	河東郡上士幌村旧土人共有	1,670円
3	中川郡幕別村旧土人共有	54,015円
4	全道旧土人教育資金	198,415円
5	天塩国天塩郡、中川郡、上川郡旧土人教育資金	13,445円
6	勇払郡鵡川村旧土人共有	20,656円
7	勇払郡苫小牧町旧土人共有	1,516円
8	虻田郡虻田村旧土人共有	581円
9	勇払郡穂別村旧土人共有	26,944円
10	勇払郡厚真村旧土人共有	10,153円
11	虻田郡弁辺村旧土人共有（現豊浦町）	1,375円
12	白老郡白老村旧土人共有および胆振国白老郡白老敷生両村旧土人共有	2,375円
13	有珠郡伊達町旧土人共有	3,852円
14	室蘭市旧土人共有	2,646円
15	沙流郡各村旧土人共有	9,408円
16	色丹郡斜古丹村旧土人共有	100,091円
17	旭川市旧土人50名共有	754,519円
18	厚岸郡厚岸町土人共有	28,342円

お問い合わせ▶北海道環境生活部総務課アイヌ施策推進室（☎011-231-4111 内線24-135）
または各支庁社会福祉課

しかし、他の公告と同様、この公告を目にした人はほとんどいないはずだ。各支庁・市町村、北海道ウタリ協会などにも周知を依頼したが、アイヌをはじめ多くの道民は、同年一〇月二日を皮切りに五回ずつ、北海道内で発行された『北海道新聞』『北海タイムス』『朝日新聞』『毎日新聞』『読売新聞』の各紙に載せられた広告（上掲）で、この報せを知ったことだろう。ただし、その文面を読んだだけでは、なんのことかさっぱりわからない。

　新聞広告は「『北海道旧土人保護法に基づく共有財産』の返還手続きについて」という大見出しの下に、

たった二行の本文しかない。「道では、北海道旧土人保護法が廃止されたことに伴い、これまで知事が管理していた共有財産の返還手続きを行なっています」とあるだけで、その下にゴチックで「受付期間：平成一〇年九月四日まで」と示し、あとは「対象となる共有財産の区分とその金額」が一覧表になっている。

一覧表に書かれてあるのは、一八件、一二九万三〇九八円の内訳であり、これらは「北海道旧土人保護法」（以下・旧土法）第一〇条に基づき北海道庁長官が指定した財産であり、このほかに、指定はしていないのに長官が預かっていたものも八件、一七万五二四〇円あり、後者についても九月五日付で別の公告がなされている。あの広い北海道すべてのアイヌの、しかも一〇〇年にわたって管理されてきた共有財産が、指定、指定外合わせてたった一四七万円しかないというのである。しかも、土地などは一九五二年（昭和二七年）までにすべて処分を終え、今は銀行預金の口座にある現金のみという。

要するに、旧土法が廃止されたので、それに基づいて、あるいはそれに準ずる形で北海道知事が預かっていた、アイヌの人たちのお金を返すというのである。旧土法は一八九九年（明治三二年）にでき、一九九七年（平成九年）に「アイヌ文化の振興並びにアイヌの伝統等に関する知識の普及及び啓発に関する法律」（以下・アイヌ文化振興法）が新たにできたのと引き換えに廃止されている。そして、アイヌ文化振興法の附則第三条では、旧土法で預かっていた共有財産を共有者に返すことが定められている（別掲・第三条）。官報の公告は、この附則の規定に従って行なわれたものである。

アイヌ文化振興法附則

第三条　北海道知事は、この法律の施行の際現に前条の規定による廃止前の北海道旧土人保護法第一〇条第一項の規定により管理する北海道旧土人共有財産が、次項から第四項までの規定の定めるところにより共有者に返還され、または第五項の規定により指定法人もしくは北海道に帰属するまでの間、これを管理するものとする。

②北海道知事は、共有財産を共有者に返還するため、旧保護法第一〇条第三項の規定により指定された共有財産ごとに厚生労働省令で定める事項を官報で公告しなければならない。

③共有財産の共有者は、前項の規定による公告の日から起算して一年以内に、北海道知事に対し、厚生労働省令で定めるところにより、当該共有財産の返還を請求することができる。

④北海道知事は、前項に規定する期間の満了後でなければ、共有財産をその共有者に対し、返還してはならない。ただし、当該期間の満了前であっても、当該共有財産の共有者のすべてが同項の規定による請求をした場合には、この限りではない。

⑤第三項に規定する期間内に共有財産の共有者が同項の規定による請求をしなかったときは、当該共有財産は、指定法人に帰属する。

⑥前項の規定により共有財産が指定法人に帰属したときは、その法人は、当該帰属した財産をアイヌ文化の振興のための業務に要する費用に充てるものとする。

そして、この公告を見たアイヌの人たちは、その件数と額の少なさ、管理実態についての説明が一切ないこと、物価変動を考慮せずに簿価のまま返そうとするやり方、一年間という期限を区切り、しかも自ら申請した者だけに返すという一方的な権力的姿勢に、激しい怒りを覚えたのだ。

アイヌ共有財産の由来

では、旧土法で知事がなぜ、アイヌの人たちの共有財産を預かっていたのか。それを理解してもらうために、共有財産の発生と現在に至る経過を大まかにスケッチしておこう。時計の針を幕末～明治維新に戻す。

幕末に、北海道はまだ「蝦夷地」と呼ばれていた。蝦夷地は江戸期を通じて松前藩の支配下にあり、米がとれなかった松前藩では上級家臣に一定地域（商場）で先住民のアイヌと交易する権利を知行（領分）として分け与える「商場知行制《あきないばちぎょうせい》」をとっていた。藩士が商人を兼ねるような独特の制度で、武力・権力を背にしての「商い」であり、アイヌ搾取の始まりと言える。この制度は一八世紀に入ると、商人が一定の運上金を納めて各場所を全面的に請け負う「場所請負制」に変わる。本州資本、いわば商いのプロの進出であり、漁業資源や木材資源の大規模な収奪が始まった。これに伴い、アイヌ搾取はいよいよ過酷を極める。

明治維新後、新政府はこの「場所請負制」を廃止した。幕府に雇われて全道をくまなく歩き、この制度による搾取にあえぐアイヌの惨状を目撃してきた松浦武四郎の提言を受け入れたものではあるが、新政府のねらいは搾取や差別の解消にあったわけではない。近代的な水産業を発展させるのに、場所ごとの請負人による排他的・独占的な漁場の占有が邪魔だったのだ。したがって、場所請負制の廃止も、アイヌの解放と生活の向上には結びつかなかった。

場所請負制の下、請負商人らは目に余る酷使と虐待を日常化させていた半面、アイヌの撫育《ぶいく》・保護も義務づけられていた。つまり、アイヌの最低限の生活は保証されていたと言える。それがある日突然、請負商人のくびきから解放してやろうと言われても、路頭に迷うばかりである。請負商人抜きでは生活が立ち行かない仕組みに、なってしまっていたのだ。そこで新政府は当分、場所請負人を「漁場持《ぎょばもち》」と改称して従来の権利の多くを認める一方、本州方面から移住してきた漁民に漁場の割り渡しを続けた。そうしてアイヌに代わる労働力が確保できたところで、場所請負制を完全に廃止した（一八七六年・明治九年）。

維新後の北海道（一八六九年、「蝦夷地」から改称）を統治したのは開拓使で、省に匹敵する大きな役所だった。開拓使はアイヌの生活不安を和らげるため、地方の事情に応じたアイヌ救済策を実施している。

たとえば、十勝では七郡から一人ずつのアイヌを集め、これに和人を加えた一三人で十勝漁業組合を組織し、組合で漁場を借りて経営に当たるようにした。さらに、日高や胆振《いぶり》、釧路、厚岸《あっけし》方面でも漁場の共同経営を行ない、各組合は漁業権、漁場、海産干場《ほしば》、これらに付随する建物、畑地、住宅、事業で得た利益などの共有財産をもっていた。今、返還が問題になっている共有財産の、大きな柱がこれだ。

組合は許可の年限が区切られており、満期には解散されて共有財産が個人に分配された。しかし、十勝ではその後も共有のまま残して共同漁業を続け、財産を開拓使が「保護」するという名目で民間会社に貸与したが、これを焦げ付かせてしまい多大な損害を蒙っている。あるいは、和人の漁業進出により、事業の分割・縮小を余儀なくされたり、管理に問題がある例などが多かった。その背景には、アイヌには金銭や不動産の管理能力がないから、「官」が代わりに預かってやるという考えがあった。

共有財産のもう一つの重要な柱は、宮内省から「下賜」、文部省から「下附」された金である。これは少し時代が下った「三県時代」のこと。政府は八二年（明治一五年）に開拓使を廃止し、函館・札幌・根室の三県を置いた（八六年にはこれもやめ、「北海道庁」を設置している）。宮内省と文部省からの金は、全道アイヌの教育資金として三県が共同で申請して交付されたもので、その交付金三〇〇〇円と民間の寄付などを加えて計六〇〇〇円にもなっていた。しかし、使途をめぐって三県の意見が一致せず、この時代にはアイヌの教育にまったく使われることなく、死蔵されているだけだった。

上記以外の共有財産は、明治天皇が道内を「巡幸」してアイヌと会った際の「下賜」、アイヌ救済用の「救恤米《きゅうじゅつ》」の余剰、アイヌが所有していた土地や海産干場の売却、アイヌに勧農するための

「授産耕地」からの収益などに由来するものだ。さらに、特筆すべきものとして、「樺太アイヌ」と「千島アイヌ」の共有財産がある。

前者は、一八七五年（明治八年）日本・ロシア間で結ばれた「樺太・千島交換条約」でロシア領となった樺太から、江別の対雁《ついしかり》へと強制移住させられた樺太アイヌたちの財産。後者は、同条約成立後に千島列島の全島が日本領になったにもかかわらず、ロシアに近い北千島から北海道に近い色丹島に強制移住させられた千島アイヌたちの財産である。どちらの移住も悲劇的結末となるのだが、この人たちの人生は、日本政府の対ロシア政策と領土問題に翻弄され続けたものだった。単なる財産問題を超えた生き死にの問題であり、国の責任が問われてしかるべきものと言える。これらについては第二部以降で詳しく触れることにしよう。

ともあれ、全道各地にこれら諸々のアイヌ共有財産があったはずだが、ずるい和人や役人にだまし取られたり、ずさんな管理でいつのまにか他の用途に使われたり、消滅させられたりしたものも多いようだ。開拓に一攫千金を夢見た和人が北海道に大挙して流入するのと背中合わせに、土地や狩猟・漁撈の生活基盤を奪われたアイヌは急速に窮乏化させられていった。その惨状を少しでも救おうとするねらいが共有財産にはあったのだが、現実にはその財産さえ格好の餌食となったのである。その不正は帝国議会でも追及されたほどだ。

一八九三年（明治二六年）一二月の第五回議会衆議院で、立憲改進党の加藤政之助代議士は「北海道土人保護法」（注・「旧土人」ではない。同種の議員提案が二度あり、いずれも否決された後、政府提案の旧土法が一八九八年の第一三回帝国議会で成立）を議員提案した演説の中で、十勝の大津川沿岸に数個の漁場をもつアイヌたちの共有財産三万円余りを食い物にした具体例を紹介している。

「政府に保護を依頼してどうかこの金を保護して利殖してもらいたいということを時の北海道庁に申し出たところが、はじめこの金をどうしたかというと郵船会社の株券を買い、そうしてこれをやったのだそうです。それがこの次どうなったかというと、知らず知らずの間にかの北海道のほとんど衰滅にたれんとしているところの製麻会社、もしくは製糖会社の株にこの三万円余の郵船会社の株が変わってしまったということである――、今日彼ら土人の共有金はいかになったか、分配もろくろく受けることはできないというあわれ看過《みすごせ》ないところの境界になっている、実に政府たるものがこれを為すべき処分でございましょうか、彼ら弱者に向かってかくの如き計らいをするというは、実にけしからぬ、これに加えてその辺りの町村役場の役人等、もしくは北海道庁の役人等は土人等の財産ある者に向かっては、ほとんど脅迫同様なる処置をもってこれを借り受け、そうしてこれを濫費したという形跡も今日まで往々現われておるのでございます」（帝国議会議事録を現代語表記に書き直した。以下、古い文章については適宜同様に処理）

解説を加えておこう。

「土人」というのはアイヌの人たちのことだ。一八七八年（明治一〇年）に開拓使が今後はアイヌの人たちを「旧土人」と統一して呼ぶとの布達を出しているが、当時は「土人」とか「古民」という呼ばれ方もしていた。いずれも、きわめて侮蔑的な呼称だ。

三万円のお金は、十勝のアイヌたちが漁場を賃貸したり売却して得たもので、一八七四年（明治七年）の数字だという。ところがその一〇年後の一八八四年（同一七年）に十勝地方で起きた飢饉の実情調査に出かけた札幌県の役人は、「土人はわずかに二〇〇余戸に過ぎずして、その平素の活計は質素をきわむるにもかかわらず、共有金三万余円、善良の鮭漁場六ケ所を所有してなお飢餓ほとんど死に迫る惨状を呈す」と報告し、「土人を苦しましむるの大毒は土人取締組織の真中に存せり」と指摘している。三万円もの大金があっても、それを自らの飢餓を救うのに使えなかったのである。

その後も、道庁の直接管理から釧路郡長への委任、さらに大津村の有力者への委託と転々とし、この間に「右管理者はアイヌに対し不親切なる行為あるのみならず、その収支決算の報告すらなさざるため再び紛糾を生じ、しかもこれが解決には、管理委託その他につき種々の情実あり、困難を極め刑事問題までも引き起こすに至った。しかもこの間あるいは盗難にあい、あるいは費消にかかり、資金の減亡少なからず、かつ処々に融通したる金額は多く不良貸付となりて回収の見込み立たざるものあり……」（高倉新一郎『アイヌ政策史』日本評論社）というでたらめが続いた。その最たるものが株券の購入だったのである。

株券は、道庁が共有財産を直接管理していた時に共同運輸会社のものを購入していた。開拓史の政策上買ったもので、その後、同社は三菱会社と合併して日本郵船会社となり、配当はすこぶる良かった。ところが、一八八九年（同二二年）、会計法により道庁が直接管理できなくなり、郡長経由で大津村の有力者に委託すると、いつのまにか株券が札幌製糖会社と北海道製麻会社のものにすりかわっていたというのだ。しかも、この両者は事業がふるわず、配当がまったくなかったばかりか、製糖会社には未払い金を要求されて株券の一部を売却してそれに当てるなど、大きな損失を蒙った（『アイヌ政策史』）。

この事件は、一八九五年（同二八年）二月の第八回帝国議会衆議院に鈴木充美ら六人の連名で出された質問書でも取り上げられ、さらにそれ以外に三件の共有財産にまつわる疑惑も追及された。次のようなものだ。

① 宮内省、文部省、農商務省より、アイヌに教育資金や奨励資金としてお金が提供されたはずだが、アイヌはなんらの恩恵も受けておらず、金員下付の事実を知っている者もいない。その額はいくらで、どう処分されたのか。

② 日高の沙流《さる》郡平賀村で、アイヌが自ら開墾した土地について「北海道土地貸下《かしさげ》規則」に基づく出願をしたが、戸長役場《こちょうやくば》（注・町村制施行前の明治初期に町村の行政事務を行なった役所）で書類操作をして横領してしまった。

③ 日高の沙流郡紫雲古津《しうんこつ》村で、アイヌの共有金一六〇〇円を役所に預けておいたが、預り証をもっていたアイヌの首長が死んだら、残金は三〇〇円になっており、戸長らが独断で家屋を新築していたという（注・他の資料では「貸家を建築して家賃を徴し」とある）。

これら各項の末尾では「明白なる答弁を乞う」と、強い調子で事実解明を迫ったが、内務大臣・

野村靖からは翌月、「目下、事実につき調査中に係り、まだその結了を告ぐるに至らず。よって今これを弁明するに由なし。もし不当のことあるにおいては政府は相当の処分を行うべし」との答弁書が出されただけで、結局うやむやにされたまま終わっている。

歴史書をひもとけば、この種の不正に関する記述はほかにも見られる。しかし、それはまさに氷山の一角の事実にすぎず、数度にわたって帝国議会で問題にされたことは注目に値する。北海道という一地方の少数者の問題としてほおかむりをしていられないほど、手口のあくどさ、その広がり、事態の深刻さが募っていたことを証明するものだろう。そこで、国も黙っていられなくなり、いよいよ旧土法の登場となる。共有財産を道庁に直接管理させることにしたのだ。

旧土法の登場と一世紀後の退場

この法案を最初に議員提案した加藤政之助は、帝国議会の演説で「(アイヌは)無知蒙昧の人種にして、その知識幼稚にして利益は内地人に占奪せられ、漸時その活路を失う傾向にある」、それゆえ「この義侠心に富みたる我々日本人が」「この際にぜひとも保護してやらねばならぬ」と提案理由を述べた。あるいは、後の政府提案にも「旧土人は優勝劣敗の結果、だんだんと圧迫せられて」云々という表現が見られる。「一視同仁《いっしどうじん》の聖旨」という麗句も飛び出し、要するに、哀れなアイヌを心優しき日本人が救ってやろうとの理屈が、この法律にはつけられた。

しかし、同法（一八九九年・明治三二年公布、前年に成立）の真のねらいは、狩猟民族アイヌの農民化と、アイヌ小学校設置による皇民化教育の徹底にあった。つまりは「同化政策」の総仕上げをこの法律で行なおうとしたのである。

同法以前にも、明治政府は三県時代に勧農策を進めたことがある。各県が競うように独自の勧農策を打ち出し、実施に移したのだが、結局は失敗している。国としての確固たる方針があったのではなく、いよいよ窮乏化させられ、飢餓に瀕しているアイヌの手っ取り早い救済策として考えていたようだ。事業費には国の予算のほか、アイヌの共有金も当てられたが、三県時代がわずか四年で終わり、代わって北海道庁が置かれると国の予算が大幅に削減され、一〇年を経ずしていずれも全廃に追い込まれている。この陰には、狩猟民族に不慣れな農業を強いる政策に対する、アイヌ自身の根強い抵抗もあった。

そこで旧土法では、国の法律で本腰を入れてアイヌを農民化し、同化政策を一気に推進させようというのである。それまでアイヌには土地の所有が認められなかったが、旧土法では農業をするアイヌに限って土地が払い下げられ、開墾が成功すれば私有できることになった。しかし、面積は一戸あたり一万五〇〇〇坪以内にとどまった。一八八六年（明治一九年）にできた「土地払い下げ規則」で一人一〇万坪以内、八七年（同二〇年）の「国有未開地処分法」で一五〇万坪が和人の資本家・地主・華族・政商・高級官僚らに払い下げられたのとは、雲泥の差である。

先に和人が良い土地を漁り尽くしてしまい、アイヌに払い下げられた土地は、農耕不適な「丘陵

北海道庁赤レンガ庁舎

沼沢」地ばかりだった。しかも、相続以外の譲渡が禁止され、「処分権」がなかった。

もともとはすべて「アイヌ・モシリ」（アイヌの大地）であり、それを明治新政府が勝手に法律を作って「合法的に」奪ったものである。そして、アイヌには管理能力がないとして私有を許さず、やっと私有を認めることになってからも、土地の給付対象は農業をやる者に限り、しかも和人への払い下げとは格段の差をつけているのである。

こんな不平等きわまる法律の第一〇条で、アイヌの共有財産を北海道庁長官（北海道知事）が管理することが規定された。次のような内容であり、同法はその後、一九九七年（平成九年）に廃止されるまでに五回の改正を経たが、この条文は最後まで残されていた。

第一〇条　北海道庁長官（北海道知事）は北海道旧土人共有財産を管理することを得。
① 北海道庁長官（北海道知事）は共有者の利益の為に共有財産の処分を為し又必要と認むるときはその分割を拒むことを得。
② 北海道庁長官（北海道知事）の管理する共有財産は北海道庁長官（北海道知事）之を指定す。

この条文を根拠に、北海道庁長官はアイヌの共有財産を指定し、管理し、アイヌの利益のために処分してもいいことになった。だが、同法にはこんな定めもある。

第八条　第四条ないし第七条に要する費用は北海道旧土人共有財産の収益をもってこれに充つ。もし不足あるときは国庫よりこれを支出す。

第四条は貧困なアイヌへの農具と種子の支給、第五条は疾病で自費治療できないアイヌの救護、第六条は疾病や障害、老衰などで自活できないアイヌの救助、第七条は貧困なアイヌの子弟への授業料支給を、それぞれ定めている。「アイヌ保護」の具体的内容といってよいのだが、それらのことごとくを共有財産でまかない、足りない分だけを国庫から支出するというのだ。はたしてこれが「保護」の名に値するのだろうか。

それはともかく、旧土法で共有財産を北海道庁長官（北海道知事）が管理することになった。だから、地方の役人や和人有力者がそれまでしてきたような不正はなくなった、と言いたいが、現実がどうだったかは不明である。実際には、長官は管理を支庁長や戸長に委任していた。それが長官の一元管理に集約されたのは、一九三四年（昭和九年）に「北海道旧土人財産管理規定」を改正し、支庁長・戸長委任の項を削除してからだ。削除した背景は定かでないが、委任・管理の実態に何か問題があったのか。この一元管理への移行時に、はたしてすべての財産がきちんと移行したのだろうか。

同規定には、「不動産はこれを賃貸し、利殖を図るものとす」（第一条）「現金はこれを郵便貯金とし、もしくは公債証書を買い入れ、または確実なる銀行に預け入れ、利殖を図るものとす」（第二条）との利殖規定があり、さらに「収入及び支出は政府の会計年度に従いこれを計算し」（第四条）「現金の出納は歳入歳出ほか現金出納官吏をしてこれを取り扱わしむ」（第五条）と厳格な扱いも定めている。

さて、現実はどうか。北海道知事は共有財産をどれだけ殖やし、その利益をアイヌにどう還元してくれたのだろうか。戦後になると福祉対策関連法がアイヌの救護を引き受け、共有財産の出番はまったく無くなった。現金は預かり置かれただけだった。不動産は一九五二年（昭和二七年）までにすべて処分を済ませたというが、その詳しい内容は不明だ。出納官吏は年度ごとにどんな帳簿をつけ、どんな管理を続けてきたのだろう。いや、今回の返還公告を見る限りは、適正な管理を裏づける証拠は何一つない。むしろ相変わらず、いい加減な管理が続いていたのではないかとさえ疑われる。

さらに、公告の中には「指定外財産」もある。長官が指定しなかったのに、なぜだか知らないが預かっていたというのだ。これから推測すれば、指定そのものが恣意的であり、漏れがあったのではないかとも思える。

こんな疑問が、アイヌの人たちの間にふつふつと湧いてきた。そこで、有志が立ち上がり、道庁にチャランケを始めた。そのやりとりの中で疑問は疑惑へと変わり、疑惑はいよいよ深まっていった。だが、その詳細に立ち入るのはもう少し先にして、旧土法のその後を見ておく。

成立から約一世紀もの長期間、「旧土人」という差別語を堂々と冠した時代錯誤そのものの法律は、命をながらえ続けた。それが廃止に追い込まれたのは、ひょんなきっかけからだった。一九八六年(昭和六一年)、時の宰相・中曽根康弘が自民党内部の研修会で発した「知的水準発言」が、そのきっかけとなった。そこから同法の存在がにわかにクローズアップされ、批判の声が高まったのである。

中曽根は、「米国は黒人やヒスパニックなどもいる複合民族国家なので、教育などで手の届かないところがある。日本は単一民族国家だから手が届きやすい。だから日本の知的水準は高い」という趣旨の放言をした。

日本国内での発言だったのに、これを真っ先に取り上げたのは米国のメディアだった。米国内が騒がしくなってから、日本の特派員が日本に打ち返す形で記事にし、ここでやっと日本の読者も失言の事実を知らされた。そしてアイヌや在日朝鮮人・韓国人・中国人らが次々と強い批判の声を上げた。「単一民族国家」と言われては、自分たちの存在そのものを抹殺されることになるからだ。

この騒動でアイヌ差別にも目が向けられ、差別の象徴的存在だった旧土法の廃止運動に弾みがついた。同法は戦前・戦後を通じて何度も廃止に向けたアイヌの人たちの地道な運動があったのだが、結実しなかった。今度は、アイヌの人たち自身の運動がいっそう高揚しただけでなく、その後に社会党政権の誕生、アイヌのリーダー・萱野茂さんの国会議員当選などがあり、追い風となった。そうして、旧土法は九七年に「アイヌ文化振興法」と引き換えに廃止され、第一〇条も消えた。知事が管理していたアイヌ共有財産が、持ち主のアイヌに返されることになったのである。

しかし、これまで見てきただけでも、数々の疑惑やずさんな管理実態があった。旧土法成立以後にそれが改められたかは、おおいに疑問だ。共有財産をめぐるこうした歴史は、とりもなおさず、日本の近現代史の中でアイヌが置かれてきた位置、受けてきた根深い差別を逆照射する貴重な証拠と言える。

ところが、道庁が一方的に決めたルールと、これまた一方的に出してきた件数と金額に沿って手続きを進めてしまえば、すべてを「返還済み」とされてしまう。道庁が返還を急ぐのは、拭いがたい負の歴史の清算を急いでいるからではないのか。こんな疑問を抱き、最初に仲間に呼びかけたアイヌが、札幌の小川隆吉さんだった。

ꕥアイヌとシサム立ち上がる

小川さんは、長年、北海道ウタリ協会の理事を務め、八四年に同協会が総会で可決した「アイヌ民族に関する法律（案）」を作った中心人物だ。この法案は通称「アイヌ新法」と呼ばれ、アイヌの人たちはこれを旧土法に代わるものとして考え、熱心に制定のための運動を展開してきた。しかし、政府が制定した法律は「アイヌ文化振興法」であり、文化の振興だけに限ったものだ。これはアイヌの人たちが本当に望んだものとは、ほど遠いものだった。小川さんの筆によるアイヌ新法案の「前文」は、次のように新法の目的を宣言している。

「この法律は、日本国に固有の文化をもったアイヌ民族が存在することを認め、日本国憲法のもとに民族の誇りが尊重され、民族の権利が保障されることを目的とする」

続く「本法を制定する理由」では、アイヌが独自の言語と文化をもつ先住民であること、明治維新後、日本政府が一方的にアイヌモシリを奪って領土に組み込み、アイヌは生活基盤を崩壊させられ、迫害され、同化政策によって民族としての尊厳をも踏みにじられてきたことなどに触れ、その結果として追い詰められたアイヌの現状を政府が責任をもって改善すべきと指摘している。施策の具体的内容も次のように示している。

「いま求められているのは、アイヌの民族的権利を前提にした人種的差別の一掃、民族教育と文化の振興、経済自立対策など、抜本的かつ総合的な制度を確立することである」

ところが、アイヌ文化振興法には、迫害と圧迫の歴史もなければ、差別や経済格差の是正、さらには今国際的にも大きな問題となりアメリカ、カナダ、オーストラリアなどでは手厚い補償をしだした「先住性」の問題もすっぽり抜け落ちている。それなのに、これまでさんざんバカにし、「悪弊」としてその継承を禁止してきたアイヌ伝統の文化を、今になって急に掌を返したように評価し、「日本には多様な文化がある。その一つがアイヌ文化だ。すばらしいアイヌ文化をみんなで振興しましょう」と言うのだ。小川さんはこう憤る。

「考え方のベースがまったく違う。差別を根絶し、アイヌに自立する力をつけさせずに、ただ文化振興だといって補助金をばらまくやり方は、民族の絶滅につながります。〈アイヌ問題〉をこの文化法の制定で終わらせようとしているのが、大多数の雰囲気ですが、これで終わらせないためにも、過去の歴史的事実を徹底的に検証し公開する作業をしてゆかなくてはいけないのです。たった一人でも撃って出るしかないと思いました」

自分たちの目指したものとは似て非なる法律をあてがわれ、その法律の制定と引き換えに旧土法も廃止させられた。そして、「旧土人」を冠した悪法はもう無くなった、新法もできた、長年頭を悩ませてきた〈アイヌ問題〉もこれで終わりにしよう――というまやかしを、今押し付けられようとしているというのだ。共有財産の返還の公告は、まさにその象徴的儀式なのである。だから小川さんは、この共有財産の発生から管理そのものがいかにいい加減で差別性に満ちたものであるかを、具体的に徹底的に明らかにしてゆくことで、過去を歴史の闇に封じ込めようとする動きに歯止めがかけられると考えたのだ。

アイヌ新法制定の運動に深くかかわってきていた小川さんは、こうした問題意識を早くからもっており、実は、道庁の公告前から親しい仲間に相談していた。その一人が大脇徳芳さん（和人）だった。大脇さんは長年、道立高校で英語を教えてきた教師で、八六年に「少数民族懇談会」を組織し、アイヌ民族への差別や人権の問題に取り組んできた。小川さんと同じ六八歳というが、二〇〇二年まで講師として教壇に立ち続け、リタイア後も席の暖まる暇なく活動を続けている。日高で生まれ育ち、アイヌ差別を間近に目撃してきたことが少数懇などの活動に向かわせたという。

道庁の公告が出される直前の九七年七月に、二人は学習会を立ち上げた。この二人が共産党系の人間なので、後に提訴へ踏み切るときにも「原告団はアカだ」といった趣旨の攻撃がなされた。それによって参加をやめた人もあると聞く。もしその非難どおり、この人たちが共産党系の人だけだったら、私はこの本を書こうとは思わない。一党一派の宣伝的な意味しかないのなら、『アカハタ』の記者にお任せしたい。

しかし、学習会に参加したメンバーは党派に縛られない幅広い人たちだった。中曽根失言騒動の時、北海道ウタリ協会の理事長だった野村義一さんも加わった。この人はかつて自民党員だった。歴史を研究する人、アイヌ差別問題と闘う人、民衆史運動に携わる人ら、アイヌと和人合わせて四〇人ほどが集まり、小川さんが世話人代表、大脇さんが事務局長になった。和人はアイヌから見た非アイヌの日本人を指すが、アイヌ語には「良き隣人」という意味の「シサム」という言葉がある。反対に、好ましくない和人は「シャモ」と呼ばれるが、ここに集まった人たちは間違いなくシサムたちである。翌九八年六月六日、この人たちが中心になって「北海道旧土人法に基づくアイヌ民族の共有財産を考える会」（以下「考える会」）を立ち上げた。

この会の動きは、大脇さんが一手に引き受けて書き続けた「ニュース」に詳しく記録されている。さらに九九年七月の行政訴訟提訴の前後からは、それに合わせて発展的に組織替えされた「アイヌ民族共有財産を支援する全国連絡会」の「ニュース」が、この問題に関する動きを現在に至るまで克明に刻み続けている。これも大脇さんの労作で、いずれもほぼ月一回の発行である。これら「ニュース」の記述を道しるべに、動きを追ってゆくことにする。

原資料の公開を要求

「考える会」は立ち上げ後すぐ、シンポジウムを札幌市内で開いて世論を高めようとした。道庁の公告（九七年九月五日）からもう七カ月がたっているのに、道内世論はもちろん、アイヌたち自身の間でも共有財産に対する関心が薄かったからだ。このシンポジウムには、野村義一（前北海道ウタリ協会理事長）、上村英明（市民外交センター代表）、貝沢耕一（二風谷ダム訴訟原告）、チカップ美恵子（アイヌ紋様刺繍家、アイヌ肖像権裁判原告）、小川隆吉の五人が提言者として名を連ねている。体調が悪かった野村さんが欠席したものの、他の四人は二〇〇人の参加者を前に、それぞれの言葉で道や国の責任を鋭く追及した。

こうした啓発活動と並行して力を注いだのは、道知事・道庁への働きかけだった。共有財産管理の実態を明らかにして責任の所在をはっきりさせようとのねらいで、まず、六月二九日付で堀達也知事（当時）宛てに「共有財産の原資料公開に関する要求書」を送った。一片の公告だけでは何がなにやらさっぱりわからない、公告のもとになった資料を見せてほしいと要求したのである。次のような文面だ。

「ここ（公告）に示されている共有財産は、法律に基づいていたとはいえ財産権を取り上げた異常な状態で北海道長官、および貴北海道知事が管理してきたもので、大日本帝国憲法下であっても現憲法下（第二九条　財産権）であっても許されることではありません。『関係の人たちからのお問い合わせや要請に対して、返還の手続きが円滑に進むように適切に対処して参りたい』『誠意をもって対応する』（去る六月二二日道議会萩原信宏議員に対する答弁）のは当然のことです。しかし、官報第二二一七号の公告で示された共有財産は、共有別に一八項目を一覧表にしたものにすぎず、その財産の発生原因、発生場所、共有財産の管理経過、金額の推移など、一切明らかにされていないため、該当する共有者に『返還請求を行なってください』といいながら判断の資料を提供しておりません」

そして、知事の指定した財産一八件と、指定外財産八件それぞれの、①発生原因、②発生場所、

③管理経過、④金額の推移とその理由、⑤その他の原資料――の公開を要求した。これに対して道庁は、環境生活部総務課長・嶋田裕司名の回答を七月七日付でよこした。③の管理経過と④の金額の推移とその理由については、北海道情報公開条例にもとづく開示請求をする必要があると指摘したうえで、①の発生原因と②の発生場所については、「原資料につきましては、長期間が経過し、保存年限を超えておりますことから、現時点では存在しておりませんので申し添えます」と原資料の不存在を知らせてきた。①②の原資料は無いというのだ。

要するに、どこで、どんないきさつで発生したかは、わからない。わかるのはその後の経過だけだ、それを知りたければ「情報開示請求」をしろ。道庁としてはとにかく預かっている財産があるから返すだけだ――という姿勢である。資料はすべて道庁側が握っている。無いとシラを切っていたHIV感染の血液製剤の資料も、厚生大臣が一喝したら厚生省の書庫の奥から突然現われたという先例もある。そう簡単に諦めるわけにはいかない。「考える会」は、とりあえず情報公開で手に入る資料から調べてみよう、と翌日、③と④の原資料などを開示請求した。

請求の中には①②に関わるものも「知事が管理している財産を特定する原資料」として入れておいたのだが、この分については先の回答と同じく「不存在」という通知をよこし、③④については「一部開示決定通知書」を送ってきた。条例には「一四日以内」に開示するか否かを決定するという定めがあるのだが、期間延長の但し書きを援用して一方的に遅らせ、通知は七月三一日の日付になっていた。

「考える会」は早速、八月三日、小川さん、大脇さんら三人で道庁別館の行政情報センターで開示資料の閲覧をした。その結果、次のようなことがわかった。

「『旧土人共有財産台帳』『土地台帳』『土地貸付台帳』など、大きく分類して六種類、一八冊。一冊平均五〇頁から一〇〇頁として多分二〇〇〇頁位はあるだろう。その中に『北海道旧土人共有財産管理簿』というのがあり（ちょうど四〇頁）、昭和五五年に全部をまとめて銀行債権と定期預金に切り替え、利子を加えた平成九年度までのもので、この一八年間の財産管理がわかるものであった。その他の資料は昭和九年度から一七年度までとか、戦後の二四、二七年まで。土地台帳は昭和一〇年の旭川のもの。このように見ると、資料は相当あるが、しかしそれは旭川が大部分。そして、年代が限られている。年代も飛んでいる。それ以前、それ以後昭和五五年までの財産（金額）の経過はわからない」（考える会「ニュース」第二号）

結局、共有財産の管理簿といっても、一九八〇年（昭和五五年）度から九七年（平成九年）度までの最近一八年間の管理状態しかわからないのである。正式な台帳はなんと六冊しかなかった。その他の資料もみんな昭和年代になってからのもので、時期は飛び飛びであり、一九八〇年度までの間がつながらないものばかりである。しかも、大半が旭川に関わる資料で、全道各地の様子はわからない。これでは到底らちがあかない。閲覧を終えたメンバーらは午後に世話人会を開き、今後どうするか相談することにした。

なんといっても、この開示情報ではどうにもならない。一九八〇年度以前に遡って、旧土法以後の共有財産の金額に関する資料の公開を求めようということになり、翌日には開示請求の手続きをした。そのほかでは、会の運動目標が話し合われ、道庁に異議申し立てを行なって返還作業の執行停止を求め、国・道に調査委員会を設けさせること、国の謝罪と補償を求めてアイヌの自立化基金を設けることなどが検討された。

公告で一方的に区切られた一年間の申請期限は、九月四日までである。その日が近づいていた。会のメンバーには焦りも出てきた。以前に増して精力的に道庁との交渉や内部での検討に動きだした。その必死な様子が「会の活動日誌」に残されている。ほぼ連日の、あわただしい動きが見られる。

・八月一四日　道庁の磯田憲一北海道政策室長に会って、道の姿勢・政策で要請
　臨時総会
・八月一八日　公文書開示――三種類、八五枚（旭川関係四四枚、厚岸関係三八枚）
・八月一九日　拡大世話人会議（道との交渉の柱）
・八月二二日　交渉事前打ち合わせ会議
・八月二四日　環境生活部長交渉（次長対応）　まともな対応ほとんどなし
　「要請書」（一〇項目）提出
・八月二七日　房川、村松弁護士と打ち合わせ
　拡大事務局会議

・八月二七日〜九月四日　返還請求の要請行動
・八月三一日「要請書」に対する文書回答
　　　　　　道の回答検討対策会議
・九月　三日「声明文」発表
　　　　　　三項目の堀知事宛て「質問書」提出
　　　　　　開発庁に「審査請求書」発送
・九月一〇日「質問書」に対する回答

❀申請期限直前の激しい攻防

九月四日に申請が締め切られて審査がなされ、実際に返還作業が進められてしまっては、これまでの問題提起も水のアワとされてしまう。なんとか作業をストップさせなくてはならない。八月二七日には二人の弁護士との打ち合わせがなされている。この時期にはすでに訴訟も具体的な手段として視野に入っていたのである。

道の生活環境部長への要請書ではかなり細かく突っ込んだ要請がなされたが、道側からはピントの外れた回答しか返ってこなかった。これに業を煮やした「考える会」では、「声明文」を発表するとともに、直接道知事宛てに「質問書」も送付した。要請書とそれに対する道環境生活部長名で出された回答から、主なやりとりを紹介しよう。

要請「知事の道議会答弁『共有財産に係る調査につきましては、相当長い年月を経過していることから、極めて難しいと考えている』と述べた真意と内容を正確に教えてほしい」

回答「これらの多くが明治三二年の北海道旧土人保護法が制定される以前に形成されたもので相当長い年月を経過していることから、その全容を調査することは極めて難しいと考えるものであります」

要請「北海道長官（知事）が管理してきたすべての共有財産について、最初の指定から廃止を含め経緯がわかり、現在公告している一八件と八件が正当であると証明できる資料の提示を求めます」

回答「経緯につきましては、その指定等の告示により北海道広報に掲載されております。なお、現在公告している一八件に係る共有財産の指定告示等の一覧は別紙のとおりであり、これらの告示等が記載されている北海道公報につきましては、道立文書館に保管されており、閲覧することができます。また、八件の財産につきましては、その経緯は定かではありませんが、これまで北海道旧土人保護法に基づき知事が管理してきた共有財産とは別に、戦前からこの指定財産と一体的に管理してきたものであります。なお、その内容につきましては、貴会からの先の公文書開示請求の際にお示しした昭和一九年度旧土人共有財産台帳に記載されております」

要請「全道旧土人教育資金の明治三二年と昭和六年の告示の金額が六二〇六円と同額であるので、利息がついていないのか、利息を使ったのなら内訳を示してほしい」

回答「金額に移動がないのは、詳細な資料がないことから定かではありませんが、財産の指定目的に従い、共有財産から発生する収益より就学資金等の給付を行なっていたからと考えております」

要請「共有財産について貨幣価値の見直しを考慮しないのはなぜですか」

回答「共有財産の返還手続きにつきましては、新法附則の規定に基づいて行われているところであります」

要請「指定外（財産）を知事が管理してきた法的根拠はなにか」

回答「経緯は定かではないものの戦前からこの指定財産と一体的に管理してきたものであり、アイヌの人たちの財産であると思われることから、指定財産に準じて返還するものであります」

要請「返還の有資格者全員に通知して返還するのが、返還手続きの当然のあり方だと考えますがいかがですか」

回答「個人に対する個別の通知につきましては、現在においては、共有財産によっては地域のみ指定されているものもあり、共有者の方々を特定するのは難しい状況にありますほか、共有者の方々の多くは、お子さんやお孫さんの世代になっていることが考えられ、関係者のお気持やプライバシーに配慮して返還手続きを進めているところであります」

随所で話がかみ合っていない。道庁側の説明は、「考える会」の質問に正面から答えようとしていないのだ。

たとえば、道側は「全容を調査することが極めて難しい」と言って、返還手続を一方的に進めている。しかし、どこまで調べてから、「極めて難しい」と結論づけたのだろうか。「考える会」側は、まずは専門家の調査委員会を設けてきちんと調べてからにせよ、と訴えている。事実、情報公開条例による開示制度を利用して得た資料でも、道の公告で示された以外の共有財産の存在も明らかになってきており、不十分な調査でとにかく幕を引きたがっている道側の姿勢が露骨だ。

教育資金の利息についても、道側は「詳細な資料がないことから定かではありませんが」と断っておきながら、「共有財産から発生する収益より就学資金等の給付を行なっていたからと考えております」と勝手な推測をしている。その根拠はまったく不明である。貨幣価値の見直しについては、返還が「新法附則の規定に基づいて行われている」と述べるだけである。問われているのは、貨幣価値の見直しをすべきか否か、であるのに。

さらに、指定外財産の法的根拠についてもなんら答えていないし、有資格者への個別通知問題では、前段の「地域のみ指定されているものもあり、共有者の方々を特定するのは難しい状況にあります」はわかるとしても、後段の「関係者のお気持やプライバシーに配慮して」という説明は個人に通知しない理由にはならない。「配慮のうえ」プライバシーなどを侵害しない方法で本人に知らせることだってできるからだ。

九八年九月四日で締め切られた共有財産の返還請求には、結局、「指定財産」(一八件・総額一二九万三〇九八円)に四六人・六五件、「指定外財産」(八件・総額一七万五二四〇円)に一人・一件の申請がなされた(指定財産については後に四人・六件の取り下げがあり、四二人・五九件となった)。(一覧表参照)

「考える会」では、できるだけ多くの人が申請をしたうえで、疑問点の多いこの返還作業を一次中断させ、調査委員会を設けさせる方向で運動を進めようとした。申請をしなければ発言できず、申請者のいない共有財産は法の定める受け皿機関である「アイヌ文化振興・研究推進機構」(アイヌ文化振興法で定める施策・事業を実施する財団)の口座に振り込まれて、一件落着とされてしまう。それを防ぐためには、申請が必要だと考えたのだ。締め切りぎりぎりまで電話や速達郵便で全道のアイヌに呼びかけ、ここまで人数をそろえたという。公告にある指定財産一八件のすべてに申請をす

第１回「北海道旧土人共有財産等処理委員会」に提出された共有財産別の返還請求状況

（1998年12月17日）

(1)　共有財産（42名59件）　（単位：円）

番号	北海道庁令又は告示の番号及び年月日	共有別	件数	指定当時における財産種別	指定当時における数量又は金額	公告時における財産種別及び金額
1	昭和6年10月2日北海道庁令第44号	河西郡芽室村旧土人共有	1	現金	金　1,300円	現金　63,095円
2	同	河東郡上士幌村旧土人共有		同	金　280円	現金　1,670円
3	同	中川郡幕別村旧土人共有	4	同	金　2,400円	現金　54,015円
4	昭和6年12月24日北海道庁令第53号	全道旧土人教育資金	21	公債証書及び現金	金　6,206円	現金 198,415円
5	同	天塩国天塩郡、中川郡、上川郡旧土人教育資金	1	同	金　266円	現金　13,445円
6	同	勇払郡鵡川村旧土人共有	8	現金	金　500円	現金　20,656円
7	同	勇払郡苫小牧町旧土人共有	1	同	金　100円	現金　1,516円
8	同	虻田郡虻田町旧土人共有		同	金　70円	現金　581円
9	同	勇払郡穂別村旧土人共有	2	同	金　1,000円	現金　26,944円
10	同	勇払郡厚真村旧土人共有	2	同	金　300円	現金　10,153円
11	同	虻田郡弁辺村旧土人共有		同	金　100円	現金　1,375円
12	同	白老郡白老村旧土人共有		同	金　135円	現金　2,375円
	明治36年1月23日北海道庁令第10号	胆振国白老郡白老敷生両村旧土人共有		同	金　100円	
13	昭和6年12月24日北海道庁令第53号	有珠郡伊達町旧土人共有	3	同	金　58円	現金　3,852円
14	同	室蘭市旧土人共有		同	金　120円	現金　2,646円
15	同	沙流郡各村旧土人共有	7	同	金　349円	現金　9,408円
16	昭和6年12月24日北海道庁告示第1400号	色丹郡斜古丹村旧土人共有	2	公債証書、勧業債券、拓殖債券及北海道拓殖銀行株券	金　5,305円	現金 100,091円
17	昭和9年11月1日北海道庁令第84号	旭川市旧土人50名共有	6	畑	6町2反8畝26歩	現金 754,519円
				宅地	36,164坪5勺	
				田	7町9反3畝19歩	
				原野	2町6反5畝11歩	
	昭和9年11月13日北海道庁令第92号	旭川市旧土人50名共有		畑	4町歩	
	昭和17年6月6日北海道庁告示第947号	旭川市旧土人共有		現金	金　3,112円98銭	
18	大正13年2月21日北海道庁令第21号	厚岸郡厚岸町土人共有	1	雑種地、海産干場	2町4段2畝8歩	現金　28,342円
				畑	1町5段24歩	
				宅地	3段27歩5合	
計		5	9			

(2)　知事が管理する財産（指定外財産）（1名1件）※共有財産請求者と重複

公示番号	所有	件数	昭和18年4月16日における数量金額	現在の管理金額
4	色丹村共有	1	7,077円97銭	117,118円

るのが目標だったが、四件については一人も申請者がいなかった。現実には、戸籍などの書類をそろえる手続きの面倒くささにうんざりしてやめた人もいた。さらに、道庁では「ウタリ協会の会員かどうかを、協会に確認してよいか」と申請者に電話をかけてきたという。「プライバシーへの配慮」どころか、むしろ圧力と言ってよい。

♧北海道ウタリ協会の消極的な姿勢

北海道外でただ一人申請した神奈川県川崎市に住む青木悦子さんは、申請にまつわる苦労について憤りをこめて語る。

「官報に公告したといっても、誰が見ますか。地元の新聞に載ったそうだけど、道外の私たちには見られない。私は知人から『あなたも申請の資格があるよ』と教えられて知りました。期限ぎりぎりにあわてて書類をそろえた。夏の暑い盛りで大変でした。車椅子でしょ（注・数年前に脳梗塞を患い、リハビリ中）。夫に介助してもらって役所を回り、やっと間に合わせました」

青木さんは自身で申請するだけでなく、義姉に連絡をとり、故郷の十勝管内幕別町の親類にも申請するよう伝えてもらった。ところが、ある人は出張所の係員が「よくわからない」と繰り返すのみでさっぱり要領を得ないために諦めてしまい、別の人はウタリ協会の支部に相談に行ったら「申請するな」と言われたという。役所で返還の趣旨が末端まで徹底していなかったばかりか、アイヌの人たちの最大組織・北海道ウタリ協会も、この問題に対する取り組み姿勢がきわめて消極的なのである。これには理由がある。

「考える会」の小川さんはかつて協会の理事をしており、今は札幌支部の副支部長を務めている。そこで協会にも小川さんらの主張を理解してくれるよう再三要請してきたのだが、協会はまったく受け入れようとしない。むしろ、冷たいと言ってもよいほどだ。五月には同ウタリ協会の総務部会が小川さんを呼び、本人から直接、「民族全体の問題としてとらえ、共有財産管理の状況を明らかにさせてゆくべきだ」という訴えを聴取している。

だが、そこで出した結論は、新法の成立を認めた以上、新法に基づく財産処理も認めざるを得ないというものだった。一応、「国や道との対応に重大な問題があるのなら別だが」と留保のポーズも示してはいるが、大いに問題ありと見る「考える会」の認識とは一八〇度異なるようだ。一方的な告示や一年間という期限の限定、本人の申請待ちという態度、さらには作業の前提となる財産管理状況に不明な点が多すぎることなど、これまでに見てきたように問題が山積しているのに、そこには目を向けようとしないのである。

アイヌ文化振興法はその成立時に、アイヌの間でその評価をめぐって賛否両論が渦巻いた。認めるにしても全面的な肯定ではなかった。その代表的なものは、当時国会議員だった萱野茂さんの「新法を苗木に例えれば、今やっと植えつけられたところ。成長の過程で、国際的に先住民族を大事にする流れが、日本にも伝わってくる。それを考えると、確かに、先住権にはこだわりたいが、苗木を植える今が一番大事な時だ」（『北海道新聞』九七年三月二〇日付朝刊）という見方だった。北海道ウタリ協会も萱野さんと同じ見解だった。これを私は、著書『アイヌ差別問題読本』（緑風出版）の中で次のように批判した。

「政府案（注・アイヌ文化振興法）を『一里塚』と見るか、逆に『先住権』や過去の補償問題などにフタをしてしまう『墓標』と見るか、立場で分かれそうです。でも、この本でじっくりと歴史的な流れを眺めてきた私の目には、政府の〝新法〟は『文化』をダシにしたごまかしであり、アイヌの尊厳と人権の回復にはむすびつきそうにないと思えてなりません」

今、北海道ウタリ協会が、旧土法からアイヌ文化振興法への形式的継承にこだわり、拙速で欠陥だらけの共有財産返還に目をふさごうとする姿を見ると、私の危惧はいよいよ現実化したと言わざるを得ない。アイヌ文化振興法は、アイヌ民族総体が待望した真のアイヌ新法案を抹殺し、「アイヌ問題」の幕引きに現実的に利用されつつあるのだ。あろうことか、その片棒をアイヌ自身の最大組織が担おうとしているのである。

小川提案への拒否を明らかにしてから一カ月後の九八年六月一七日、北海道ウタリ協会は常務理事名で道政記者クラブ宛てに「北海道旧土人保護法の廃止に伴う共有財産の処分について」と題する書面を発表している。総会や理事会、総務部会での論議をまとめたもので、協会としての傍観者的姿勢をより鮮明に打ち出している。こんな文面だ。

① 昨年、協会が新法の制定並びに旧土人保護法等の廃止を曲がりなりにも認めたことは、それ

に伴う共有財産の処理の方法についても認めたもの。その後の国や道の対応について重大な問題があるのなら別だが、『新法は認めたが、附則による処理は認めない』などと主張することはできない。

② 過去に共有財産の管理等をめぐってさまざまな問題のあったことは承知しているが、いまは、過去のことを問題とするよりも、将来に向かった論議をすべき時である。従って、法及びその附則等に基づく、国・道の対応を淡々と見守っていくこととする。

③ 昨年(九七年)九月に行なわれた知事告示に伴う、個人等からの返還申請(今年九月が期限)などについては、協会としては会員に周知するとともに可能な支援は行なっている。

④ 一部の関係者が訴訟などを含めていかなる主張をするかは、個人として自由だと考える。

戦前も今も、北海道ウタリ協会には道庁から事務局要職に職員を派遣しており、巷間では「道庁にコントロールされている」という批判が根強くある。この文面はまさしくその噂を証明するものと言える。「いまは、過去のことを問題とするよりも、将来に向かった議論をすべき時である。従って、……国・道の対応を淡々と見守っていく」という表現は、その極みだろう。「過去」のことをきちんと見つめ、清算することなしに、望ましい「将来」はないはずだ。現に異議を唱える者がいるのに、それを無視して「返還申請に可能な支援を行なう」というのは、道庁と二人三脚で進みますよという意思表示にほかならない。川崎の青木さんのエピソードに見られるような、ウタリ協会の不可解な態度も、こうした経緯と重ね合わせれば納得できる。

九月四日で申請を締め切った道庁は、一一月五日に「共有財産処理審査委員会設置要綱」を施行した。いよいよ、この委員会で申請書類の審査を進めるのである。一二月一七日に開かれた第一回会合に、アイヌ関係者、弁護士、学識経験者から成る五人の委員が顔をそろえた。次のメンバーだ。

坂本彰（弁護士）
笹村二郎（北海道ウタリ協会理事長）
荒井武（旭川アイヌ協議会副会長）
岡田信弘（北海道大学法学部教授）
岡田淳子（北海道東海大学国際文化学部教授）

アイヌ代表が二人入り、その一人はウタリ協会のトップである。返還作業を推進する審査委員会にトップが入っているのだから、作業に異議申し立てをするなんてとんでもないということになる。ますます道庁との一体ぶりが露骨になってきた。結局、ウタリ協会のこの姿勢は、小川さんらのグループが訴訟を提起しても変わらなかった。ただし、最近はかなり大きな変化が見られているのだが、その裏にはあの鈴木宗男代議士にからむ協会内部の政変劇がある。それについては、第二部で触れることにする。

「考える会」は一一月三〇日にも道知事宛てに「公開質問状」を発送したが、返ってきた回答文書はこれまでと同様、論点をはぐらかしたものだった。審査委員会の五人の委員宛てにも「審議についてのお願い」を送付し、もっと時間をかけて真相を究明すべきことを訴えた。

さらに、独自の資料研究も進め、一二月中に二回、道庁の資料庫に眠る八〇〇〇コマ以上のマイクロフィルムの開示を要求している。これは翌九九年二月に公開が許可され、小川さん、大脇さんら四人がかりで内容をチェックし、必要と思われるものをコピーした。これがやがて裁判の二審で役に立つことになるが、その詳しい内容もまたそのくだりで紹介することにする。

⌘札幌地裁提訴へ

審査委員会は、戸籍などをもとに申請者に返還資格があるかどうかを審査する。その決定通知が各申請者宛てに配達証明便で郵送されたのは九九年四月の初旬で、三月末の予定期限を過ぎていた。返還が認められたのは、全部で三八人（請求者は全部で四三人）だった。一件の財産について複数の共有者が認められた場合には、共有者側で返還方式を選ぶ方針がとられた。そのため、「返還します」との決定通知の記載内容は、返還する金額、返還有資格者名、返還対象者数と、返還方法についてのアンケート式の回答用紙が入っていた。「代表者一名を決めて返す」「全員の連名で返す」「その他」のどれかを選び、代表者方式を選んだ場合には「代表者になる意志があるか」「他の人に知らせてよいか」などと尋ねている。

「考える会」では、この回答書を返さずに「要求書」を出すことにした。これまで訴えてきた内容――つまり、指定に至る共有財産発生の原因、内容、指定理由、財産管理の経過などを具体的に詳細に教えてというもの――を改めて要求するものだ。「返還しません」と通知された人は、「提出した書類のどういう点で当該財産について権利がないと判断されたのか、具体的内容を教えて」という趣旨の要求書を送ることにした。

この通知が届いたことで、「考える会」もぎりぎりの決断を迫られることになった。「要求書」を出して意思表示はしても、それが返還作業をストップさせることにはつながらない。ぐずぐずしていたら、作業をどんどん進められてしまう恐れがある。となれば、やはり提訴しかない。会のメンバーはここで、提訴の意思をはっきりと固めた。返還の執行は、行政上の「処分」に当たる。「処分」の取り消しを求めて提訴するとしたら九〇日以内が有効期限である。提訴では、何をどう問題にしたらよいのか、その支えとなる法理論をどう組み立てたらよいのか。法律の専門家を交えて、詰めを急がなくてはならない。

だが、「考える会」が取り組んできた返還申請作業は、矛盾を抱え込んだものでもあった。すでに触れたが、道庁の返還作業をストップさせるのが目標なのに、一度は申請をしてから異議申し立てをしようというのだ。形式論で考えれば、「返してくれ」と手を挙げたのに「返還作業をやめろ」というのはおかしいよということになる。ただし、こうしないと、指定法人に財産を移して決着済みとされてしまう恐れがあったのだ。「相手の土俵に乗ってはいけない。しかし、待ったをかけるにしても、乗らなければかけられない」(小川さん)という苦しさを抱えていた。裁判でも弱点になりかねない。いや案の定、被告の道庁側は一審でそこを突いてきている。

弁護士選びも苦労した。何人かに相談したが、いずれも「難しい」とか「忙しい」と言って断られた。勝っても負けても、ふところが潤う裁判ではない。それでいて民族差別という難しい問題を抱え、相当な勉強を要求される。しかも、最高裁まで視野に入れた粘り強い闘いを持続させなくてはいけない。よほどの覚悟が必要な仕事と言える。

「考える会」は返還期限直前の九八年八月末に、札幌在住の二人の弁護士と打ち合わせをしている。弁護団の中心となる房川樹芳、村松弘康の二人である。この二人がたまたま、ドキュメンタリー映画「地球交響曲（ガイアシンフォニー）」の出演者を呼んだ道内の集会に出席したときに、小川さんと仲間のアイヌの人たちが唄や踊りを披露した。お互いに初対面だったが、小川さんが共有財産の話をすると二人は「先住民の問題という観点からきちんと裁判をやるべきだ」と意気投合したという。

房川さんは「二風谷裁判」（注・アイヌの聖地・日高の二風谷で国が進めていた巨大ダム建設に、アイヌの萱野茂さん、貝沢正さんが札幌地裁に提訴した。敗訴はしたものの、アイヌの先住性を認める画期的な判決を引き出している）の弁護団の一員で、あの裁判以来「アイヌ問題」に強い関心を抱くようになっていた。村松さんは私にとって懐かしい弁護士である。もう二〇年ほど前から「北海道じん肺訴訟」（炭坑や金属鉱山で働いてじん肺になった労働者らが五次にわたる訴訟を起こした）の弁護団の中心になって活躍した人で、新聞記者としてじん肺問題に関心をもっていた私は取材でいろいろお世話になった。共有財産の裁判傍聴に札幌に出向いた折に再会し、お互いに思わず「オーッ」と驚きの声を上げ、再会を懐かしんだ。

結局、この二人が親しい弁護士仲間を誘い、一審は総勢七人の弁護団を組み、村松さんが弁護団長を務めることになった。高裁ではさらに二人が加わり、九人に充実している。いずれも手弁当での参加だ。こんな経緯を聞いた私は、「みなさん、いわゆる社会派弁護士ばかりなんですか」と房川さんに尋ねたことがある。すると房川さんは、「そんなことはありません。ふだんはいろんな裁判の弁護もしていますよ」とにこにこ笑いながら否定したが、後の法廷での弁護ぶりを見れば、この言をそのままには受け取れない。

「考える会」は弁護士との詰めを進める一方、返還申請をしたアイヌの仲間に原告団入りする意思の有無を確認する作業に入った。まず往復はがきを出したが、たった五通しか返ってこなかった。タイムリミットがどんどん迫るのに数が増えない。焦った大脇さんは、一人ひとりに電話をかけまくった。こうして二四人が原告団に結集することになった。しかし、この人たちは全道各地と道外にも散らばっている。札幌、旭川、釧路、帯広、伊達、苫小牧、それに川崎という七市である。しかも、多くはお互いに知らない同士だった。一言でアイヌと言っても、地方によって言葉の違いはもちろん、唄や踊り、習慣などにも微妙な違いがある。その人たちを「原告団」としてまとめあげるのだから、大脇さんらの苦労も並大抵ではなかったようだ。

九九年六月六日、「考える会」は総会を開いた。会の立ち上げからちょうど一年が経っていた。

この総会で「考える会」は「アイヌ民族共有財産裁判を支援する全国連絡会」（以下・支援する会）に改組された。会長に元北星学園新札幌高校長の松田平太郎さん、副会長に北大講師の山本玉樹さん、事務局長に大脇徳芳さんを選び、新たに全国代表委員も設けた。この委員は現在、埼玉、東京、山梨、名古屋、京都、大阪、九州に計一〇人ほどおり、全国レベルでのサポートをしている。また、顧問には静内在住の葛野辰次郎エカシ、白老在住で前北海道ウタリ協会理事長の野村義一さんに就任してもらっている。

一方、提訴予定者たちは総会に先立って原告団を結成、団長に小川隆吉さん、副団長に伊藤稔さん（札幌）、北川しま子さん（札幌）、諏訪野楠蔵さん（伊達）、川村兼一さん（旭川）の四人を選び、提訴への体勢をがっちりと固めた。

「支援する会」の「ニュース」第一号に大脇さんは、「どのように追及すべきか、先が見えずに四苦八苦した時期もあったが、『考える会』をつくり、管理の実態を明らかにしてきた。『声明文』で述べたとおりである。弁護士とも相談ができ、法廷の場に明確な主張を持って臨むところまできた。いよいよ国民の眼前に国や道がいかに民族軽視と差別をしてきたかを明らかにすることができる」（九九年七月一六日発行）と苦労と決意を書き記している。

闘いは、ついに法廷に持ち込まれることになった。

第二部

「訴えの利益」の壁

小川隆吉さんら二四人の原告団は、九九年七月五日、北海道知事を被告とする行政訴訟「北海道旧土人共有財産返還手続き無効確認請求事件」（以下・共有財産訴訟）を札幌地裁に提訴した。返還手続き処分の無効確認を「主位的請求」とし、処分の取り消しを「予備的請求」とする内容である。すぐに受理され、同地裁民事第三部合議係が担当し、三人の裁判官による合議制がとられることになった。第一回口頭弁論は、一〇月二一日、午前一一時一五分からと決まった。

真っ向から対立

一〇月二一日になった。北海道のこの時期は、本州の晩秋に当たる。すでに札幌では四日前に初雪が降っている。だが、この日は朝から爽やかに晴れ上がり、一〇時半には、原告や支援者らが続々と集合場所の北海道高等学校教職員センターに集まってきた。大通り西一二丁目にあるここは、北一条西一一丁目の札幌地裁とは大通り公園をはさんで斜め向かいという、目と鼻の距離にある。以後も弁論後の集会などに決まってここが利用されることになった。

原告は一八人がかけつけ、全員がアイヌ刺繍の施された民族衣装を服の上からまとった。会議室に集まった一行は、まず原告団の小川団長、「支援する会」の松田平太郎会長が挨拶に立ち、ついで原告各人の確認と紹介、法廷での発言順序や閉廷後の記者会見などの打合わせを忙しく済ませてから、札幌地裁に向かった。

札幌高等地方裁判所合同庁舎

地裁は、「札幌高等地方裁判所合同庁舎」という建物に札幌高裁と一緒に入っている。外壁にアズキ色の化粧タイルを張った九階建てで、いかにも役所臭い変哲のないビルだ。その正面入り口付近には、すでに多くの報道陣が待ち構えており、地裁入りする原告団一行にさかんにシャッターが切られた。ゆったり堂々と進む原告らの姿は、誇らしげでもある。法廷は八階にあり、原告と支援者らはエレベーターに分乗して次々と法廷に向かった。原告は全員が仕切りの中の当事者席に入り、最前列には記者席も設けられた。さらに支援者向けに二四席の特別傍聴席を地裁側で用意してくれていた。七〇席の傍聴席はほどなくほぼ満席となった。

定刻に、法衣を着た三人の判事が入ってきた。中央が持本健司裁判長、その両側を中山幾次郎、近藤幸康の陪席判事が囲む。「通常は起立をしますが、座ったままでいてください」と裁判所側の事前指示があったので、全員が着席したまま裁判官を迎えた。判事が席に着くと、すぐに弁論が始まった。原告側代理人の房川樹芳弁護士がすでに提出してある訴状のポイントをかいつまんで説明し、詳細は次回以降に展開すると述べた。

訴えのポイントは大きく分けて三つある。

第一点は、被告・北海道知事（長官）のずさんな共有財産管理は、憲法第二九条一項の「財産権はこれを侵してはならない」との規定に反すること。アイヌ民族のために財産の管理を委ねられた知事は、最善を尽くして管理運用する「善意の管理者の注意義務」を負う。ところが、被告は財産の管理・運用状況について共有者に対してまったく報告をしていない。被告が公表しているのは一九八〇年（昭和五五年）以降のものだけであり、指定された財産がどのような経過をたどって現在に至ったかがわからない。特に、当初は現金以外の財産も指定されていたのに、それらが処分されて現在は現金のみになった経緯はいっさい不詳のままである。そのうえ、被告は一方的に財産を返還するとして金額を公表したが、管理状況が明らかでない以上、その金額が適正なものかどうか不明である。しかも、被告が共有者ないし相続人を調査して返すべきなのに、共有者の中から請求してきた者のみに返すとしている。これは明らかに共有者の財産権を侵害するものである。

第二点は、適正手続きの保障を定めた憲法第三一条違反であること。本件返還手続きは、被告の公告から一年以内に返還請求をした者のうち、被告が正当な共有者であると認めたもので、さらにその共有者の代表者にだけ財産を返すというものだが、この手続き自体、共有者である原告らの意向を確認せずに一方的に定められたものである。他方、国際人権B規約では少数民族の権利保護を定め、国連の先住民族権利宣言草案では先住民族が当該民族に係る事項の決定過程に参加する権利を認めている。またアイヌ民族の先住民族性を肯定した二風谷ダム裁判の判決では、「先住少数民族の文化等に影響を及ぼすおそれのある政策の決定及び遂行に当たっては、その権利に不当な侵害が起こらないようにするため、右利益である先住少数民族の文化等に対し特に十分な配慮をすべき義務を負っている」と述べている。これらから考えると、「自ら決定した手続きによって、自己に影響する可能性のある法的または行政的措置の立案に完全に参加する権利」を有しているアイヌ民族が、返還手続きに関与している必要がある。しかし、アイヌ文化振興法の制定にはアイヌ民族が参加していないし、少なくとも「民族の同意」を得て返還手続きをするという措置を定めてもいない。この点でも憲法第三一条に違反する。

第三点は、個人の尊重を定めた憲法第一三条と国際人権B規約第二七条に違反すること。国際人権B規約の第二七条では「種族的・宗教的または言語的少数者が存在する国において、当該少数民族に属する者は、その集団の他構成員とともに自己の文化を享有し、自己の宗教を信仰し、かつ実践し、または自己の言語を使用する権利を否定されない」と規定し、少数民族の権利保護を図っている。日本は一九七九年八月にこの条約を批准している。憲法では第九八条二項で条約の遵守を謳い、国内法上、条約は法形式として上位の効力をもつ法規範であるとの判例もある。また、二風谷ダム判決では、ダム事業によって得られる利益と、失われる（アイヌ民族の）利益を比較考量する際に「後者の利益がB規約および憲法第一三条で保障される人権であることに鑑み、その制限は必要最小限度においてのみ認められるべきである」とし、アイヌ民族の文化等への十分な配慮をすべき義務を示した。つまり、先住少数民族の「文化享有権」が憲法第一三条にも由来することを明らかにしている。したがって、共有財産を返還するに際しては、アイヌ民族に十分な配慮をすべきであり、それを欠いたアイヌ文化振興法附則第三条は、国際的潮流に反し、憲法一三条にも違反している。

要約すれば、第一点は「善意の管理者の注意義務」を全うしておらず財産権を侵しているということ。第二点は、一方的な返還手続きは法的適正手続きの保障に反すること。第三点は、先住・少数民族の権利を尊重する国際的潮流と憲法の人権保障に反すること。これらの点で違憲な処分だから無効であり、取り消されるべきだ、という主張である。行政上の手続きという狭い枠の論に閉じ込めず、国際的な視野から返還処分の理不尽を突こうというねらいがうかがえる内容だ。

口頭弁論では、次いで被告側の「答弁書」の確認を行なった。受けて立つ被告の言い分をまとめたものだ。ここで被告は、原告には「訴えの利益」がない、という主張を強く打ち出してきた。この後、一審を通じて一貫して被告側主張の柱となった理屈である。次のような内容だ。

――訴えが成立するには、行政権力の行使で生じた法的効果を無効として取り消すと、原告の法的利益が回復される関係があることが、前提である。その関係がないときには、訴えの利益を欠いて不適法な訴えとなる。本件では、原告らの返還請求どおりの返還決定を行なったものであり、原告の権利または法律上の利益を侵害するものでなく、なんらの不利益を与えるものではない。その処分の無効確認または取り消しによって回復されるべき法律上の利益は存しない。したがって、これらの訴えは、「訴えの利益」がなく、すべて不適法であり、却下されるべきである。

「相手の土俵に乗ってはいけない。しかし、待ったをかけるにしても、乗らなければかけられない」と、小川さんが語った〝矛盾〟を早速、突いてきたのである。本当は道庁が一方的に定めたルールに乗った返還請求の申請などしたくはない。しかし、そうしなければ、申請者のいない財産は勝手に指定法人に振り込まれてしまう。まさに苦渋の選択として申請をしたのだが、形式論理に乗っかれば「ほしいから申請したんでしょ。その申請通りに返してあげるという決定をしたのだから、そもそも原告には訴訟で回復する利益がなく、したがって訴えは意味をなさない」となるのである。

このほか、答弁書では指定外財産について、「その沿革から北海道長官ないし被告が事実上管理するに至っていたものにすぎず、そこには何らの公権力性も認められないから、その返還手続きは行政処分その他公権力の行使には当たらないものと解すべき」として、訴訟の対象にならないと突っぱねた。原告側は訴状で、「『指定外財産』に至っては、アイヌ文化振興法附則第三条にも規定されていないのであるから、その返還処分の無効性は明らか」と見ており、ここでも見解は対立した。さらに、原告三人（秋辺得平、鹿田川見、豊川重雄）について「共有者ないしその相続人であることを確認できなかった」などの理由で申請を認めなかったことを明らかにし、これを不服とする訴えの却下を求めた。

両者の言い分は、真っ向から対立している。では法廷で激しい火花が散ったのかといえば、けっしてそうではない。訴状も答弁書も予め提出され、法廷の裁判官はそれを双方に確認するだけで、原告や被告が中身を読み上げたり、尋問で応酬しあったりすることはほとんどない。この後に随時出される準備書面や意見書なども、同様な扱いをされることが多い。これが行政や民事の裁判ではごくふつうのスタイルであり、傍聴者らには何がなにやらわからないまま、あっという間に閉廷してしまうことになる。「口頭弁論」とは名ばかりなのである。

しかし、書面上ではかなりの火花を散らして相手の主張を叩き合っている。それが「水面下」なものだから、法廷の表の動きを追っているだけでは、見落としてしまう。この裁判スタイルには、法廷闘争を仕掛けた原告側が頭を抱えた。水面下のバトルだけでは、提訴した意味が半減してしまうのだ。

というのは、裁判の目標はもちろん勝つことにあるが、それだけではないからだ。国や道が一世紀余にわたって続けてきた差別的なアイヌ政策の実態を、法廷で具体的に明らかにし、そのやりとりを通じて世論を喚起して現実の改善に役立てることも大事なのである。

そこで原告側は、第一回の口頭弁論から法廷パフォーマンスにあの手この手の知恵を絞ることになる。書類の交換だけで終わらせずに、「口頭弁論」の名に値する実体を自分たちの手で法廷に盛り込もうとしたのだ。それには、原告各人の体験に根差した生々しい主張を、できれば毎回、本人の口から語ろうと考えた。

共有財産の発生原因も、発生場所も、その後の経緯や管理状況もさっぱりわからない、と被告は開き直っている。不動産もみんな現金に変えられてしまった。これでは物語の現場がない。歴史の闇に消されてしまっている。

しかし、物語そのものはあるはずだ。原告本人の人生と家族の歴史の中にこそ、その物語があるはずだ。それを法廷でしっかりと語る、リレーのように語り継ぐ。そうして、単なる法律論を超えた実体審理へと流れを導いてゆこう、裁判官にも歴史の真実を知ってもらったうえで裁いてもらおうというのだ。

口頭弁論の記録と資料集、「支援する会」事務局長・大脇さんの労作の「ニュース」類にくまなく目を通した私には、原告側のこうした戦略がはっきりと見えてきた。私もこの戦略を尊重しようと思う。原告各人にまつわるドラマを丁寧に掬い上げてゆくことで、アイヌ民族総体が強いられてきた差別と強制の歴史が、大きな一枚の絵としてくっきりと立ち上がってくるはずだ。まずは原告らの物語にじっと耳を傾ける。その一方で「水面下」の動きにも目を見張り、大事な攻防のポイントも紹介してゆこう。

ஃアイヌ語で堂々と陳述

原告の訴状、被告の答弁書の確認が終わった。このあと早速、原告のパフォーマンスが始まった。この日予定していた原告陳述は四人。そのトップを切って発言席に立った原告団副団長の川村兼一さんが、こう口を開いた。

「サイモン　ニシパ、パーセニシパ、クアニ　アナクネ　シネ　アタナン　アイヌ　クネーワ　レー　コロカトウー　カワムラ　シンリツ　エオリパカイヌ」（裁判長、私は一人のアイヌで、川村シンリツ・エオリパック・アイヌと申します）

アイヌ語で陳述を始めたのだ。アイヌ語の法廷陳述は、二風谷ダム訴訟で原告の萱野茂さんが事前通告なしに最終陳述の一部を行なった前例があるだけだ。しかし、今回は裁判所側が、アイヌ語が一部であればよい、と事前に認めていた。川村さんは用意したアイヌ語原稿の半分ほどを読み、あとは日本語に切り換え、「公正なる裁判長、私たちアイヌにどうか正しい判断をしてください。私たちアイヌにきちんと接してください。裁判長の正しいご判断が、アイヌ民族の誇りをもって生きていける社会の実現に向かって前進させてくれるのです」と訴えた。

「シンリツ・エオリパック・アイヌ」という川村さんのアイヌ名は、「先祖を大事にする人」という意味である。その名にふさわしく、川村さんは旭川の「川村アイヌ民族記念館」の館長を務め、アイヌ語教室も開いている。小川さんの動きに呼応して、返還手続きの問題点について道庁に公開質問状を出すなど独自の活動を展開し、訴訟に合流した人だ。質問状などでは、特に旭川の共有財産について問題点を追及してきた。公告された旭川の共有財産は七五万円余と全体（一四八万円余）の半分を占め、訴訟でも重要な位置を占めている。複雑な歴史的経緯もあるので、これについてはいずれ詳述することにする。

川村さんの次には、原告団長の小川隆吉さんが陳述に立った。小川さんはアイヌ式の礼拝儀式のオンカミをしてから、こう切り出した。

「私たちアイヌは、この地球上に人間として生まれてきたことをカムイに伝えるために、自称をアイヌ（人間）と呼んで今日まで生きてきました。文字と貨幣を必要としない社会で、静かに平和に暮らし、争いが起こればチャランケ（討論）によってすべてを古老中心に解決する社会で、自然の恵みはコタン（村）に住む人間だけでなく生命あるすべての生き物と分かち合って暮らしてきました」

次いで、明治維新後の日本政府のアイヌ政策がアイヌの伝統と文化、生活を破壊するものであったこと、共有財産についてはその管理をめぐって不正や汚職がはびこったことを指摘し、こう訴えた。

「知事は、一昨年からの度重なる私たちの資料公開請求に対して、『原資料は不存在』と言い、その管理責任のなさとずさんさをいみじくも明らかにしました。共有財産の管理経過を一度も知る機会のなかったこの一〇〇年、大祖父母、エカシ（翁）、フチ（おばあさん）にどのような過失、どのような罪があってこのような仕打ちを受けなければならないのか、その説明を北海道知事から受けたいと思います」

三番目の島崎直美さんも、勉強中というアイヌ語による自己紹介から入った。そして、訴訟に参加した経緯を説明。胆振《いぶり》の鵡川《むかわ》に住む父親が、寝たきりの母の看病にかかりっきりなので、父の代理人として返還申請をしたそうだ。その父が申請に際して「これから育つ若いアイヌ、子供たちに役立つことができるのなら、ぜひ申請をする」と言ってくれたという。それから自分の思いをこう語った。

「私は最初に下手なアイヌ語で自己紹介をしました。アイヌ語を習い始めてから四年くらいになりますが、いまだに覚えたのはほんの少しです。それでも私の言葉だから、アイヌの母語だから、と勉強しています。こんなすてきな言語を、本来なら父母から伝承されるはずなのに、と思うことがしばしばあります。この言語も同化政策の犠牲そのものになったのかと残念でたまりません。また、私はアイヌ史を読み直してみました。その中の『共有財産』に目を止め、何度も何度も読みましたが、納得できませんでした。……勝手にアイヌの領土に入り、搾取しておいて、この日本政府のやり方は許せないと思います。この法律（注・旧土法）が二年前まであったのかと思うと信じられないが、これも現実なのだと受け止めています。

アイヌ新法が制定されるのが楽しみでもあったのですが、これもまた骨抜きの制定で、アイヌの生活のために何の効力もありません。日本政府のごまかしだと思います。実際、私の生活に何の変化もございません。文化伝承、もちろん大切ですが、その前にアイヌの生活実態は何も変わりません。『北海道旧土人保護法』が明治三二年（一八九九年）に制定（正しくは公布）されてから一〇〇年間、いや、それ以前からアイヌは苦しんできました。もう間近に二一世紀がきます。、また今までたどってきた悲しい歴史、過ちを繰り返さないでほしいと思っています。私たちの子孫、未来へと続くこれからの子供たちのためにも、アイヌみんなが納得できる判断を望み、私の意見をおわります」

最後は北川しま子さん。日高の平取《びらとり》町出身で、松浦武四郎の『エゾ探検日記』に母方の祖母が一一歳、父方の祖母が一〇歳と記されているという。そのことを紹介し、「話の中では、我々の祖先がアイヌモシリでみんな仲良く楽しく暮らしていました」と続けた。そして話は和人の侵略に及ぶ。「和人がアイヌ民族を強制連行と強制労働に駆り立て、食事もろくに与えず、そこで病気になっても薬を与えず、アイヌ民族を劣る者として扱い、アイヌモシリの土地を奪い、言葉も奪っておいてから、明治三二年には、アイヌは五〇年もすればいなくなるということで北海道旧土人保護法が作られましたが、同化されてアイヌ民族は死んでしまってはいないのです。

一〇〇年後にアイヌ文化振興法が新しく作られましたが、何の権利もないし、一〇〇年以上も奪われた補償もなく、植民地政策が今もアイヌ民族を苦しめています。先住民族としての権利を我々アイヌに返してもらいたいのです。我々アイヌ民族はアイヌモシリの大地を奪われてから貧乏に陥れられたので。日本政府はアイヌモシリの大地を返して、何百年もの間苦しめた謝罪をし、アイヌ民族の先住権と主権を認め、アイヌ民族の復権のために尽くすべきです」

それぞれの陳述はわずか五分ほどだったが、各人の持ち味を生かした内容だった。閉廷後の記者会見で、弁護団長の村松弘康弁護士は「アイヌ語の陳述には、アイヌ民族としてのさまざまな思いが込められている。侵略された一〇〇年間の思いを次の一〇〇年間につなげる、二一世紀の記念碑になるような裁判にしたい」と挨拶した（支援する会「ニュース」第三号）。確かに、この裁判にはそれほどの重みがある。原告一人ひとりの生身の陳述がモザイクを描き、総体としてこの裁判の意味を描き出してくれることだろう。さらに、アイヌ語による陳述の意味について、房川樹芳弁護士も翌年五月に札幌市内で開いた支援集会で次のように語っている。

「川村さんの法廷での（アイヌ語での）発言は重要です。二風谷では、最初萱野さんがアイヌ語で話すのは禁止された。結審になる最後に事実上黙認された。アイヌ語は日本語ではなく外国語だという解釈なんですね。同じ日本国籍を持った人が話す言葉が、なぜ日本語ではないんだ。今回は、黙認ではなく、きちんと申し入れてみようということで、申し入れました。裁判所は全部アイヌ語で喋られたら困る。一部外国語を引用する形であればいいと。実際かなりの部分をアイヌ語で話しました。そのようなことができつつあります。

言葉が違う、文化が違う、違う先住・少数民族だという認識をきちんと持って、どのような法律、権利を与えていくかということを、きちんと議論する必要があるのではないか。法律的には難しい

が、非常に意義のあることで、将来につなげていくことにもなる」（支援する会「ニュース」第八号）

なるほど、アイヌ語は日本語ではないと考え、「日本語」による発言しか許さないというのは、「単一民族国家」的な見方の延長線上にあるのかもしれない。そこに楔を打ち込んだのだ。ゲリラ的な形でアイヌ語発言をしたのではなく、正面から申し入れて認めさせたというのは、大きな意味がある。こうした意欲的な試みがきっと裁判を変え、日本人全体の認識をも変える一石となることだろう。

裁判が始まる二日前、共有財産の処分をめぐって大きな動きがあった。道庁は、公告した一八件のうち九件・一八万六七九四円について返還対象者がいないと判断し、アイヌ文化振興法で定める指定法人である「アイヌ文化振興・研究推進機構」（以下・推進機構）に入れようとしたのだ。推進機構側もこれを受けて一〇月一九日に評議員会を開き、雑収入にいれることを提案した。しかし、評議員らからは「裁判の継続中に受け入れるのはおかしい」などといった意見が出され、全員の反対で否決されている。

しかし、道庁は翌二〇〇〇年二月にも、今度は指定外財産も含めた約三六万円を推進機構に入れようとしている。この際にはアイヌ役員を非公式に集めて説得にかかるなどの工作をしたが、結局、またも評議員会で否決されている。

いわば既成事実作りをねらった動きだが、推進機構の評議員会の相次ぐ否決により、逆に「処分」の凍結が決定づけられたと言える。

❀「水面下」の激しい攻防

原告団と弁護団の危惧する事態が、第二回の口頭弁論（九九年一二月二二日）で早くも出現した。裁判長は、原告と被告双方の準備書面を確認し、次回の日程を決めると、さっさと引き揚げてしまったのだ。この間、わずか一〇分。原告や約五〇人の傍聴者らはあっけにとられた思いだった。閉廷後の集会で出された発言が支援する会の「ニュース」に載っており、この日の展開をどう受け止めたかがよくわかる。

川村兼一原告団副団長「打ち合わせばかりで終わってびっくりしている。私たちアイヌの価値観、宗教観、自然観というものを日本の法律でさばくというのはそもそも無理がある。アイヌの考え方を裁判官に少しでも知ってもらわないと、共有財産のことは理解できないと思いますね」

房川樹芳弁護士「何をやったかわからないと思います。本来裁判所で述べ合うのが原則ですが、書面を出してこの通り陳述しますよ、と陳述したと見なす。これが今の日本の民事裁判の典型なんです」

村松弘康弁護団長「あれが日本の裁判なんですよ。門を通させない。入り口を通るまでが大変。裁判長は『被告側の反論を見て今後の進行を検討したい』と言った。門前払いするかどうかを判断する。日本は世界で一番狭い。原告がどんどん中へ入っていく、実体的審理に入っていく、という作業がどうしても必要だろう。アイヌの価値観が一冊本を読めばわかるというものではない。原告が裁判長に手紙を書く、それを法廷で読む、思いを述べる。何人かは法廷で必ず意見を表明する、裁判所に訴える。そういう雰囲気をつくったらどうか。今回はそれをやらないと、書面だけでは危険だ、という感じがしている。法廷自体の活性化を考えたい。どうせやるならシンポジウムのような法廷ができればいいのではないか」

それぞれに危機感を募らせたことがよくわかる談話だ。「法廷の活性化」こそがこの裁判に活路を開く切り札になるのではないか、という見方がここではっきりと打ち出されている。そして、この方針は二審までずっと引き継がれ、私の目にはそれなりの成果を生み出しているように思える。一般化して言えば、裁判は官製のレールに乗るだけでなく、手づくりの創意工夫を加えて自前の闘いを展開せよ、ということなのかもしれない。

こうして「表舞台」は不発に終わったが、「水面下」の闘い、つまり準備書面のやりとりでは進展が見られている。第二回、第三回（二〇〇〇年二月一〇日）、第四回（同四月一三日）に出された双方の準備書面をもとに、攻防のポイントを押さえておく。

被告側は最初の答弁書から「訴えの利益」論を打ち出していた。訴訟はもし勝訴したら何らかの利益があるから起こすものであり、その利益がないなら起こす理由もなくなる。その利益が原告にはない。なぜなら、共有財産の返還処分は原告らの請求どおりの決定をしたものだからだ、という理屈だった。もしこの主張が認められるなら、提訴自体が否定されることになり、裁判所から門前払いされるおそれが多分にある。この壁をどう突破するかが、原告側の当面の最大課題となった。双方の準備書面では「訴えの利益」をめぐり激しい応酬がなされた。

原告側はまず、財産の返還が原告にとって「不利益な行政処分」であることを証明しようとした。不利益な処分である以上、勝訴して返還手続きをやり直すことになれば、より有利な返還処分がなされる（法的利益が回復される）可能性が高くなる。だから「訴えの利益」もあるのだという論理だ。

原告が不利益処分と考える理由は三つある。

① 公告された共有財産の管理経過が明らかでなく、北海道庁長官が管理していた指定財産のうち現在の北海道知事が管理していない財産が、旧土法第一〇条のいう「共有者の利益のために」処分されたかどうかが明確でない。すなわち、知事の公告した共有財産が本来返還対象となるべきすべての財産なのか、あるいは本来返すべきなのに除外されているものがあるのか不明である。

② 貨幣価値の変動を十分に考慮しないまま共有財産の評価を行なって公告しているのは、返還請求権の一部を侵害している。

③ 返還手続きに原告らの意見をなんら反映させずに公告がなされている。当該関係者を手続きに参加させるか少なくとも意見を反映させる必要があるのに、まったくなされていない。

要約すれば、①返すべき財産が公告リストに入っていない可能性がある、②貨幣価値が昔のままだ、③返還手続きにアイヌの意見が反映されていない――という内容だ。この三点について被告側は次のように反論してきた（注・ゴチック文字は筆者による強調）。

①　アイヌ文化振興法附則第三条に定める返還すべき共有財産とは、「この法律施行の際**現**に前条の規定による廃止前の旧土法第一〇条第一項の北海道知事が**管理する**北海道旧土人共有財産」（同条第一項）であり、それのみが返還対象になるよう制度設計されている。公告されたもの以外に被告が管理していた共有財産は存在していないのであり、被告は返還手続きにあたり、それまで管理していた財産について、その指定経緯や改廃状況を**十分に調査**したうえで、返還の対象となる**すべての共有財産を公告している**のである。

原告らは、同法の定める共有財産以外にも返還すべき財産があると考えているふしがある。仮にそうだとすれば、同法が規定する返還手続きの制度設計の内容自体を非難する性質のものとはいえ、本件返還処分自体の根拠を自ら否定することを意味するから、原告らが主張するように、より有利な共有財産の返還処分がされることにはならない。公告されてない共有財産について、原告から何ら具体的な主張・立証がなされていない。

②　アイヌ文化振興法附則第三条の定める返還手続きは、貨幣価値の変動を考慮する、いわば補償的要素を含めた制度としては設計されていない。被告は、原告らの請求に基づいて原告らの返還請求に対し、請求どおりの額を返還すると決定したのであり、原告らになんらの不利益を与えるものではない。仮に原告の主張が、補償的要素を考慮して貨幣価値の変動を考慮した制

度を設計すべきであったというのであれば、アイヌ文化振興法という法令自体の適否を抽象的に論ずるものであり、返還処分に対する違法事由としては失当である。

③　返還手続きへのアイヌの人々の参加を要請するような規定は、アイヌ文化振興法の附則にはない。しかし、実際の手続きにおいては、審査委員会の構成員に二人のアイヌ代表を入れており、原告主張にはまったく理由がない。

これも要約しておこう。①公告で指定した財産以外の財産を想定する原告らの主張は、返還処分自体の根拠を自ら否定してしまう。新法施行の際に「現に」管理している財産が返還対象のすべてであり、十分に調査したうえですべての財産を公告した。②貨幣価値の変動に対する考慮は制度自体の設計に入っていない。③返還手続きへのアイヌの参加も制度は予定していないが、審査委員会にはアイヌの代表も入れた。――こんな反論である。大事な論点が、次第にあぶり出されてきている。私の思いつくままに、疑問を並べてみよう。

①　アイヌ文化振興法附則で規定され、返還対象とされる「共有財産」とは、いま実際に道知事が管理しているものに限られるのか、あるいはそれ以外のものも考えられるのか。

②　後者の可能性がある場合、それを立証する責任はすべて原告にあるのか。あるいは、原告の主張してきたように、専門家の調査委員会のようなものを設けるべきか。

③　公告された以外の共有財産の存在を仮定し、その返還を求めることは、返還処分自体の根拠を自ら否定することなのか。

④　被告は「十分に調査したうえで、すべての財産を公告した」と言うが、本当に「十分」で「すべて」なのか。
⑤　貨幣価値の変動は本当に考慮しないでいいのか。
⑥　当事者である、すなわち共有財産の持ち主であるアイヌを抜きに返還手続きを決めて良いのか。審査委員会へのアイヌの参加が、「手続きにアイヌの意見を反映させた」ことになるのか。
ざっとこんな疑問が湧いてきた。被告の反論には早速、原告側が再反論を試みている。この中には私の疑問に対する回答も含まれる。はたして、どちらの主張に説得力があるのか、読者も一緒に考えてもらいたい。再び、これまでの双方主張と重ねて理解できるような形で紹介する。
①　被告は「現に……管理する」の意味を、現時点において道知事が実際に管理している共有財産と捉えているようだ。しかし、アイヌ文化法附則第三条は、旧土法により強制的に行なわれていた共有財産の管理を、**歴史的経緯への反省も含めて清算する**ための規定である。同法の第一条で「アイヌの人々の民族としての誇りが尊重される社会の実現」を図ることを目的としており、文化振興法附則も旧土法廃止に伴う「経過措置」であることからも明らかであり、同法附則第三条で返還されるべき共有財産とは、北海道知事が現に手元に管理しているか否かにかかわらず、共有財産として指定され管理が開始された財産のうち、現在適法に管理されているべき財産である。
「十分調査したうえで、すべての共有財産を公告した」と被告は主張するが、原告はこの主張

について全面的に争っているのだから、被告は、被告が行なった調査経緯を明らかにする責任がある。資料を明示したうえで、すべて明らかにしてほしい。指定外財産についても同様だ。
② アイヌ文化振興法が貨幣価値の変動を考慮する制度として設計されているか否かは、本案審理の対象とすべき問題である。
③ 返還請求の審査委員会にアイヌの代表を入れても、同委は、返還請求者に資格があるか否かを審査する機関にすぎず、アイヌの人々の主張が手続き的に反映されるものとは到底言えない。

原告が何を求めているのかが、よりはっきりしてきた。「歴史的経緯への反省も含めた清算」という意味が返還作業にはあるはずだ、というのである。そうであれば、たまたま今、知事が管理している財産に限るとは言えない。貨幣価値の変動を考慮した金額の見直しをしても当然だ。さらには、一世紀余にわたる日本政府のアイヌ政策に対する謝罪と賠償があってしかるべきだ。結局それは、共有財産の返還手続き云々という矮小化された問題ではないのだ。原告側が求めているのは、差別的な政策の歴史的実態を明らかにし、日本人全体にその反省を求めようというのである。

一審における原告・被告双方の中心的主張は、実は、以上見てきた第四回までに交換された準備書面でほぼ出尽くしている。残念ながら、あとは細部をめぐる〝ジャブ〟程度の応酬がなされたに過ぎない。もう一点、あえて付け加えれば、「指定外財産」の管理、返還処分が「公権力の行使としての行政処分」に当たるか（原告）、否か（被告）の対立があるくらいだ。結局、「訴えの利益」があるか否かの法律論争が、「水面下」の焦点であり続けたのである。

なんとも無味乾燥な論争と言ってよい。なぜなら、「裁判所」の門に入れろ、いや門前で追い払えと争っているのだから。この論争を続けている限り、中身論議には入れない。原告らがいちばん訴えたい、日本政府の差別的なアイヌ政策、その象徴と言える共有財産の管理実態は関心の外に置かれてしまう。しかし、被告側は「原告には訴えの利益がない」という主張を繰り返すのみで、双方の主張はまったく平行線をたどったまま膠着状態に入っていった。それを「水面下」でない現実の法廷でどう打開し、実体審理へ持ち込むかが、原告側にとっていっそう大事になってきた。第三回（二〇〇〇年二月一〇日）の口頭弁論では、小川隆吉さんの妻、サナエさんが意見陳述に立った。

サナエさんは、共有財産の具体的中身に立ち入って、疑問点を指摘した。たとえば、「共有財産」は名のとおり「全道アイヌ」に託されたもののはずだから、「アイヌ民族みんなに返されるべきもの」と訴えたのをはじめ、「明治三二年の指定時に六二〇六円とあった公債証書と現金が、公告では昭和六年現在でもまったく同額であり、奇異だ」「財産がアイヌ民族の子供の就学や育英のためにどう運用されたのか、関係書類とともに実績の全貌をお示し願いたい」「石狩町、江別町、厚田村に計八カ所一〇〇〇円の漁場があり、明治三五年に共有財産に指定されているが、この運用と再指定、廃止の経過が不明だ。書類でこの管理経過を示していただきたい」などと迫った。

被告側の「十分に調査した」「すべての共有財産を公告した」という主張を打ち崩そうというね

らいがある。しかし、裁判長は、「段階を踏んで、全体の進行を考えていきたい」と語った。実体審理にはまだ入っていない、入るかどうかは今後の問題だというのだ。サナエさんは最後に自身の体験を語って、こう締めくくった。

「私のフチは入れ墨を入れた口から言葉がわき出るように、『この顔忘れるな』『アイヌプリ（注・アイヌの風習）おぼえれ！』と。フチはアイヌでありたいと思い、幼い私が胸が詰まるほど、フチの心が伝わりました。為政者がどんなにアイヌ民族の風習を禁止しようとも、私たちは、子孫の中で脈々と民族の風習を受け継いできておりました。全国のアイヌ民族は、今回のこの裁判をかたずを飲んで見守っております。アイヌの歴史が、どんなに虐げられてきたものであるか。その中でつくられてきた財産であるということを正確に判断して、裁判長の公正な判決を出していただくよう強く望んでいます」

この言葉どおり、サナエさんは札幌市内でアイヌ刺繍の教室を開き、伝統の刺繍を多くの人たちに教えている。「全国のアイヌ民族」という言葉は、私には印象的だ。かつての中曽根失言のとき、最初に批判の声を上げたのは、首都圏に住むアイヌたちだった。私はその人たちを訪ねて聞き書きを行ない、『しょっぱい河』（記録社）という一冊の本にまとめた。その時、私が知ったのは全国に多くのアイヌの人たちが存在し、古代以来の歴史もふまえれば「アイヌ問題」はけっして北海道ローカルの問題ではないということだった。共有財産が、アイヌが虐げられた歴史の中でつくられてきたものとの指摘も、重要である。

❀具体的問題を体験まじりに訴える

第四回口頭弁論以降も、原告側は、個々人の体験に根差した訴えを次々と繰り出した。その一つひとつをしっかりと受け止めることではじめて、私たちは共有財産の全体像を手にすることができるはずである。しばらくは、その訴えにじっくり耳を傾けよう。

ところが、あろうことか、この第四回（二〇〇〇年四月一三日）から、三人の裁判官の全員が人事異動で交代してしまった。新裁判長は中西茂、陪席裁判官は川口泰司と綱島公彦（第五回からは綱島に代わり戸村まゆみ。さらに第一五回は戸村に代わり別所卓郎）。中西裁判長は「三〇分しかとっていない」と断ったうえで、原告の陳述を認めた。旭川在住の杉村満さんは、川村さんらが運営するアイヌ語教室に通う七〇代の男性だ。まず、杉村さんがアイヌ式礼拝のオンカミをしてから、口を開いた。

「この裁判はなにも好んで引き起こしたものではありません。原告が二四名いるとはいえ、裁判に訴えるというのは大変なことです。言葉を奪われ、過酷な労働、アイヌにはない病気をうつされ、無念の思いで死んでいった多くのアイヌたちの心を握りしめて、私の思いを述べさせてもらいます。

この私たちの共有財産は、長い間、私たち民族が差別を受けてきたつらい歴史の産物です。ただ個人に、または代表者に返してそれで終わりという性質のものでは絶対ありません。北海道開発の名のもとに、北海道全体の土地がアイヌを無視して和人の手にどんどん渡っていったのは、ご承知のとおりです。アイヌの風習は禁止されました。アイヌ語を話すな。入れ墨を入れるな。イオマンテ（クマ送り）をするな。死んだ時、家を焼くな。和人と同じ名前をつけろ。まだまだきりがありません。

アイヌ民族は生活の中で、いつも多くの神々とともに自然の中で生きてきました。アイヌの生活の中には、生きていくための掟がありました。それは今の社会の法律です。それを禁止したのです。アイヌをやめろというのは、死ねということです。今もその過ちを国も道も正式には認めていません。

しかし、アイヌ民族はそれに必ずしも従ったのではありません。アイヌ同士では懐かしくアイヌ語を使い、歌や踊りや、カムイノミ（注・神への祈りの儀式）は戦時中の貧しい時でも続きました。アイヌの伝統文化は少ないながら残りました。明治から一三〇年以上になりますが、厳しい中でも少しずつ、細々とは生き残り、今、ようやく生き生きとアイヌを出せるようになってきているのです。

精神文化の禁止はつらいけど、もっとひどいのは生きていくことです。経済です。動物がとれなくなったのは、大打撃でした。川の鮭をとるな、山の木を切るな。そして土地は取られてどんどん山奥へ追われたり。行くところがないのです。生きることさえ大変な状態になったのですから、貧ミなどというものではありません。自由に自分が住む大地ではなくなったのですから、『アイヌモシリ（アイヌの土地――人間の世界）』という言葉、どれほどアイヌにとって重要なことばか、考えてみてください」

杉村さんが話したのは、幕末から明治以降にアイヌの人々が幕府と日本政府から受けてきた受難の歴史についてだった。

同化政策が伝統的な風習を奪っただけでなく、狩猟民族のアイヌの生存基盤である生産手段さえ奪った。鮭は大事な主食であり、アイヌが神とあがめるクマからも貴重なタンパク源を恵んでもらっていた。アメリカン・ネイティブなどの先住民とも重なるが、アイヌもまた、結核や梅毒を「文明の民」たる和人からうつされ、抵抗力がなかったアイヌは大打撃を蒙り、民族総体の力を弱めさせられていった。

私自身、一般読者向けのアイヌ史の本を書くためにさまざまな資料に当たり、私たち和人側の熾烈な「加害」の事実に否応なく直面させられた。小川さんや杉村さんの陳述内容に興味をもった読者は、ぜひ、こうした歴史書もひもといていただきたい。「アイヌ問題」の理解にはこうした歴史と文化の両面における基礎知識が、どうしても必要だ。杉村さんの陳述は、この後、共有財産の最大の焦点である、旭川・近文《ちかぶみ》地区の土地に由来する財産問題に入った。この「近文問題」は三次にわたる紛争があり、複雑な経緯をたどっているので、その歴史的経過について解説を加えておこう。

❀旭川・近文アイヌ給与地紛争

旭川のアイヌは、川沿いに三集団に分かれて散在していた。ところが、一八九〇年（明治二三年）に旭川村（後に町、市に昇格）が開村すると、翌年には四〇〇戸の屯田兵が入植するなど和人の流入が急増した。そこで北海道庁はアイヌを石狩川北側の近文地区に集団移住するよう強制した。それとともに、近文地区の原野をアイヌにも和人にも開放した。道庁はアイヌに一五〇万坪の土地を給与予定地として確保し、九四年（同二七年）にこのうちの五〇万坪を三六戸のアイヌに割り渡している（一戸当たり一万三八八八坪）。ただし、アイヌに所有権はなく、占有権（＝利用権）だけしか認められなかった。また、残り一〇〇万坪は後に道庁が勝手に処分してしまっている。

九九年（同三二年）に北海道旧土人保護法が施行され、農業をするアイヌには一戸一万五〇〇〇坪の土地が無償給付され、所有権が得られるようになった。しかし、近文地区でアイヌに割り渡された土地には、同法が適用されなかった。札幌で四年前に新設された帝国陸軍第七師団が近文アイヌ地の東側に移転することが決まり、アイヌ地も将来は師団の用地にされる可能性が高いと見た道庁が給付を保留してしまったのだ。

この師団の設置と、さらに前年の九八年に空知太《そらちぶと》（現・滝川）—旭川間に上川鉄道が開通したことで、旭川は「異状な発展を来し」（『旭川市史』第一巻）ていた。多数の利権屋たちが入り込み、ついには近文からアイヌを追放しようと画策し始めた。「衛生上極めて危険」「市街の発展を妨げる」「新地に移住させるのが彼らの幸せだ」などと勝手な理屈をつけ、追い出しにかかった。その最も悪質な利権屋が、大倉喜八郎だった。大倉財閥を築いた立志伝中の人物で、日清・日露戦争では軍部の御用達商人として立ち回り巨額の富を築き、「死の商人」とも呼ばれた。大倉の率いる土木会社・大倉組は、総工費三二九万円に上る第七師団の造営工事を随意契約による一手請負いというきわめて有利な条件で獲得した。その陰には、当時の陸軍大臣・桂太郎、北海道長官・園田安賢《そのだやすたか》と大倉の三人が結託しての裏工作があったと見られている。

師団に隣接するアイヌ地が手に入れば、さらに巨額の富が得られると考えた大倉は、アイヌが天塩への移転を希望しているという趣旨の嘆願書をでっちあげた。そして、文字の読めないアイヌ古老らをだまし、押印させてしまった。これが道庁に受理されてしまい、アイヌに移住が通告された。これにはアイヌらが大いに怒り、アイヌ代表・天川恵三郎らが上京し、大隈重信、板垣退助、西郷従道、近衛文麿ら大物政治家や新聞社に訴えて回り、大倉のたくらみは辛うじて破綻した。

これが第一次紛争だが、ほどなく近文の給与予定地では次の騒ぎが勃発する。予定地はアイヌに給付されず、その管理を先の天川が行なっていた。ところが、天川は上京中の活動資金が足りず、札幌の商人から独断で借金をしていた。この借金のカタにと商人が暴力団まがいの小作人を給与予定地に次々と送り込み、占拠させ始めた。これが第二次紛争の始まりで、小作人とアイヌとの間で実力闘争にまで発展した。間に入った旭川町は一九〇五年（同三八年）、町議会に「近文旧土人給与予定地処分案」を提案し可決、翌年、道庁に予定地の貸下げを要求した。道庁は町の案を修正する形で、四六万坪の土地を同町に貸し下げる指令を出した。

指令は、旧土法で道庁がすべきことをそっくり旭川町に押しつけた内容だった。しかし、旧土法では一戸当たり五町歩（一万五〇〇〇坪）の土地が「無償給付」されるのに、その五分の一の一町歩（三〇〇〇坪）が「貸与」されるにとどまっている。残り五分の四は「模範農耕地」にしてその収益をアイヌのために使うはずだったが、大部分は和人入植者に安く賃貸されてしまった。さらに、町はその後、旭川師範学校（現・北海道教育大学旭川分校）、近文小学校、師範学校実習地、鉄道敷地、道路敷地などに無償で寄付し、戦時中には日本木材工業会社の工場敷地に貸し付けてもいる。売却されたものもある。本来はアイヌに無償給付されるべき土地が、アイヌに断りもなく、さらに「指令」にも背いた目的に勝手に使われたり、寄付されたりしたのである。

第三次紛争は、昭和に入ってからだ。一九二二年（大正一一年）の「国有財産法」の施行に伴って、アイヌへの給与予定地は「国有未開地」に組み替えられた。この年、市に昇格した旭川市は予定地の再貸付を申請し、一〇カ年の期限で無償貸付を受けた。その期限が切れる三二年（昭和七年）が近づくと、この土地をめぐってさまざまな思惑が錯綜し、にわかに騒々しくなった。

アイヌにすれば、旧土法並みに一戸当たり五町歩の土地が丸々、自分たちに無償下付されて当然である。ところが、小作人や借地をしていた和人らは、アイヌへの給付は一戸当たり一町歩にとどめ、残り四町歩分を「自作農創設地」として小作人らに特売せよと訴えた。市もまた、不足していた工業用地にこの土地を当てようと目論むなど、勝手な要求が入り混じった。中にはアイヌを樺太へ追放せよなどという、乱暴きわまる案も飛び出したという。

これに立ち上がったのが、裁判所の書記官をしていた青年アイヌの荒井源次郎だった。荒井らは上京し、有力政治家や大蔵省、内務省、マスコミ関係などを精力的に訪ねて回り、給与予定地をアイヌに無償で全面的に給付するよう訴えた。その熱心な活動が功を奏し、三四年（同九年）、「旭川市旧土人保護地処分法」が制定され、問題が解決した。近文という特定地域の約五〇戸のアイヌだけを対象にした非常に珍しい法律の誕生である。しかし、この法律で給付された土地は一戸一町歩しかなく、残りは「共有財産」として北海道庁長官の管理下におかれることになった。またしても給付面積を旧土法の五分の一にとどめたのは、なぜか。この法案を審議した第六五回帝国議会衆議院・委員会（一九三四年二～三月）で次のようなやりとりがあった。

田中委員　旭川の真ん中にあれだけの土地があって、さうして愈々《いよいよ》旧土人に之を分けて賦与する、都市計画上旭川市としても是が非常なる弊害になりはせぬかと云ふことを心配して居るのは、ご承知の通り旭川市は今日都市計画の途中であります。周囲の地域の凡《およ》そだけは決ったけれども、まだ道路網が出来て居らぬので、今日急いでやりつゝある所でありまして、ご承知の旭川の道路は今日広い所は十五間、普通が十一間であります、それで裏通りの極く狭い露地は六間であります、さう云ふ計画の下に今日旭川市が都市計画をやって居るので、ここに「アイヌ」地を総て解放して旧土人に賦与した、僅か一町歩しか貰はぬ所へ、十五間道路が其処を突切ると云ふやうな訳で、ほとんど土地が半減されるやうな人が出来るかもしれない、さう云ふ場合を眼の前にみつ、ある此の場合に処分なさる時に、旭川市の都市計画に対して、参考となる何か御話がありますかどうか、其の点を御聴きして置きたいのであります。

佐上政府委員　都市計画の為に必要の生じた場合に、共有財産に関するものに付ては法令に依って内務大臣の認可を得まして処分も出来ますが、賦与した所の土地を都市計画に引懸かるやうな場合に於ては、一寸《ちょっと》法令上困るのではないかと思ひます、其の点は一つ尚ほ能《よ》く研究いたしまして、適当な方法を考へたいと思って居ります。

明治の第一次紛争の時とよく似ている。すなわち、かつては「市街地の発展のため」、今回は「都市計画のため」、アイヌにはその犠牲になってもらおうというのである。旧土法にならって本来給付されるべき、一戸当たり五町歩の全部をアイヌに給付してしまったら、道路網の整備に支障をきたす恐れがある。四町歩を「共有財産」にしておけば、「内務大臣の認可を得まして処分も出来ます」というのだ。このやりとりの後、佐上政府委員は再度、「旭川の土地処分の場合、都市計画の道路との関係は十分に其の場合に於て考慮しまして、宜しく解決を致したいと思ひます」と念を押している。「共有財産」はアイヌの利益のために使われることが、旧土法第一〇条二項に定められている。この「処分法」でも、「共有財産」の目的は同じである。だが、国会の委員会でさえ、法の趣旨を曲げる発言が白昼堂々とまかり通っていたのである。

ꕥ「小石一つ、アイヌの自由にならず」

三次にわたる近文紛争の要点を整理しておく。第一次では、アイヌは強制移住させられた上、移住先の近文地区に第七師団の移転が決まるや、追い出されそうになった。割り渡された土地は五〇万坪で、残り一〇〇万坪は道庁が勝手に処分している。第二次では、和人の小作人との実力闘争の末、四六万坪の土地を旭川町が道庁から借り、アイヌには一戸一町歩しか貸与されなかった。残り八割の土地は町が勝手に学校や鉄道敷地などに寄付などをしてしまった。第三次では、「処分法」を獲得したが、一戸当たり一町歩にとどまり、残りの分は「共有財産」にされた。都市計画の道路網整備がその背後にはある。

そして、アイヌ文化振興法の施行に伴い「旭川市旧土人保護地処分法」も廃止され、「共有財産」がアイヌに返されることになった。土地はすべて処分され、今は現金として七五万円余が残っているというのだ。三次にわたる紛争の細部をしっかりと見つめ直せば、この金額のあまりの少なさに、誰もが驚くはずである。この一〇〇年間に旭川・近文地区のアイヌたちが、国や道庁、旭川市の手前勝手に過ぎる理屈と法の運用によって、どれほどの損害を蒙ってきたことか——。法廷の杉村さんは、その歴史の凝視を訴える。

「なぜ旭川にだけ特別に、別の法律があったのか。その成立と運用の経過を正確に調査してください。『北海道旧土人保護法』成立以後、旭川の土地はその保護法にも従わない道庁の一方的な判断に対して、我々の祖先が反対したのです。それ以来、明治三八年の第二次近文アイヌ地紛争といわれるもの、昭和七年からの『アイヌ地を返せ』の要求、終戦までのアイヌを無視した寄付などといって処分したこと。終戦後の農地改革の時と約五〇年も、そのつど、アイヌの要求をまともに聞かず、狡猾なだましが続いています。

無償で寄付したとするものとして、旭川師範学校の敷地、近文小学校、大有小学校敷地、道路用地、鉄道用地などがあります。『旧土人保護法』一〇条では、『内務大臣の許可を得て共有者のために共有財産の処分を』することができるとなっていますが、その『許可』の証拠、『共有者の利益のため』の証拠を見せていただきたい」

最後に杉村さんは、先人アイヌの言葉を引用して締めくくった。

「明治八年に世を去った上川アイヌの指導者、クーチンコロの言葉です。『やがて、この小石一つ、アイヌの自由にならず』。死後二〇年足らずで現実となりました。アイヌの言葉に『ピリカ　クヤイヌ』(真心の意)があります。法を守るのも、過ちをするのも人間。ピリカ　クヤイヌに願いを込めて、そのことを強調して、私の陳述を終えます」

やがて、この小石一つ、アイヌの自由にならず——。この言葉を二度、書き写し、さらに何度も口の中で繰り返してみた。小石一つの軽さが逆に、アイヌを縛る桎梏の途方のなさを教えている。

なんと重い言葉なのか。なんとこの一世紀余のアイヌの歴史を象徴して余りある言葉なのか。それを、アイヌの古老が「やがて……」と予言して残したというのだ。ずしりと迫る衝撃が、まちがいなく、この言葉にはある。

滅亡に追い込まれた千島アイヌ

第四回口頭弁論で杉村さんに続いて発言に立ったのは、秋辺得平さんだった。秋辺さんはかつて国会議員選挙に打って出たこともある人だ。がっしりとした体にバリトンの声がよく響く。アイヌの指導者らに会って感心するのは、みんな実に見事に弁が立つということだ。独特のリズムに乗って言葉がよどみなく口から流れ出し、聞く者は自然と話の中に引きずりこまれてしまう。秋辺さんの語りもその典型と言える。秋辺さんはゆっくりと儀式用のサパンペ（冠）を頭につけ、アイヌ語で自己紹介した後、自らの生い立ちから話しだした。

「（最初のアイヌ語では）私の出自の、母方のアイヌの血統について話しました。私の父は和人であって、しかもアイヌである母をいわゆる現地妻にしていたことが、私のアイヌとしての帰属意識、いわゆるアイデンティティを決定づける背景として重要問題であったからです。私の帰属は『アイヌ』に違いないのです。

その私の父というのは、函館の大野町の人で、船大工でした。昭和一五年頃に国後島の漁場に女工として出稼ぎに行っていた釧路の秋辺福治の娘ミサと、その船大工成田萬九郎が出会ったのです。

タラバ蟹の缶詰工場の女工でも、アイヌの女工は、男衆たちからも和人の女工たちからも、さまざまな差別、仕打ちを受けていて、そういう人たちの中にあって、優しく接してくれた船大工の男に好意を寄せて、二四歳もの年齢差を越えて一緒になったのだそうです。しかし、成田萬九郎という男にはすでに函館に妻子があって、秋辺ミサはいわば『現地妻』でした。釧路の春採《はるとり》に二人は居を構え、夫は本妻のところと半年づつ行ったり来たりの生活ながらも、釧路で秋辺ミサとの間に四人の男の子をもうけました。その二番目が私こと、秋辺得平です」

この後、秋辺さんの口からは、四人の兄弟全員が釧路で育ったこと、母方の両親が当人同士はアイヌ語で会話したのに子供や孫にはアイヌ語を伝えずにひたすら同化政策に順じていたこと、しかし得平さん自身はイオマンテの祭りで民族衣装に身を包んだアイヌたちの姿に子供心に熱いものを感じてきたことなどが、語られた。そして、いよいよ核心の千島列島・色丹島の話に移る。秋辺さんは色丹島の共有財産に返還申請を出し、審査委員会から返還対象者としての資格がないとの決定を受けている。話の内容は、母方の祖先と色丹島との深い縁についてである。

「父が国後島や得撫《うるつぷ》島で船大工や漁夫として島回りの出稼ぎをしていましたが、これら島々とのそうした縁は実は母の秋辺ミサのほうが深く、すでに幼い頃から両親の秋辺福治・サヨとともに千島の北のシュムシュ島、パラムシル島から南は色丹島に至るまで、千島中を渡って暮らしていたそうです。というのは、秋辺福治・サヨの夫婦は、釧路のアイヌでありながら、千島の島々で『密漁監視員』の仕事をやっていたのです。

千島は世界四大漁場の一つであるばかりか、ラッコやキツネ、テンなどの動物の一大生息地だったそうで、日本政府の農林省はこれらの動物の密猟の取り締まりに手を焼いていたのですが、町が形成されていた大きな島はともかく、中小の人家のない島の管理は大変で、密漁に対しては監視小屋を置いて密漁監視員を常駐させる方法に頼ったようです。この密漁監視小屋に常駐したのは、釧路あたりからのアイヌが多く、しかも家族単位で小屋暮らしをするのが普通だったそうです。千島列島には、元からの住人であった千島アイヌの人たちはいなくなっていました。それはほぼ全滅に近い状態で、密漁監視員の適任者は北海道から雇わざるを得なかったのです。島には密漁監視小屋以外の人家がなく、銃を所持した密猟者たちに立ち向かうのは命がけで、密猟者が岸に着くのを見たら、監視員はまず自分の家族を山へ隠れさせてから仕事についたそうです。

当時、ヨーロッパなどで珍重され、大変な高値がついた毛皮として、ラッコ、銀ギツネ、黒テンなど相当な数が生息していたから、これに群がる密猟者の横行は止められなかったようです。島での密漁監視の仕事はいわば孤立無援、農林省から年に二回の給料と物資の支給があるだけで、危険きわまりない仕事でした。大自然の只中での家族の暮らしには、アイヌ民族ならではの漁労採集の知恵を持つ者としての『優れた適格者の仕事人』であればこそ務まったのでしょう。いずれにしても、千島アイヌに代わって北海道アイヌが、こうして島を守ったのでした。千島アイヌがほぼ全滅に追い込まれた歴史は、千島列島の毛皮動物のあまりの多さが引き金になったようです。実は、これらの天然資源をほしいままにしたかったのは、ロシアと日本という国家だったのです」

秋辺さんの話の中に出てきた「千島アイヌがほぼ全滅に追い込まれた歴史」には、解説が必要だ。まさに秋辺さんが指摘するように、ロシアと日本という国家の、領土と天然資源に対する飽くことなき欲望に翻弄され、千島アイヌはその子孫をほとんど今の世に残さなくなるまでに追い詰められたのだった。

千島における日本とロシアの領土区分は、一八五五年（安政二年）の「日露通交条約」により南千島は日本、北千島はロシアと決められていた。そして七五年（明治八年）の「樺太・千島交換条約」で、日本はウルップ島以北一八島を領土とし（つまり南千島の四島を含む全千島が日本領土となる）、代わりにそれまで日露の雑居地だった全樺太（サハリン）をロシアに譲ることになった。

この両地区に住むアイヌらの国籍は、条約附録を出してから三年以内に本人が選ぶことが定められた。日露両国民には国籍はそのままにして現在地に定住することも認められたのだが、アイヌにはそれが認められなかった。ロシア国籍を選べば北千島から、日本国籍を選べば樺太から、アイヌはそれぞれ去らねばならなかった。では、北千島に居て日本国籍を選んだアイヌは以前と変わらない生活を送れたかといえば、実はそうでなかった。

北千島のアイヌはむしろロシアの統治下にある期間が長く、風俗や宗教の面でロシア化が著しか

千島とサハリンの領土区分の変遷

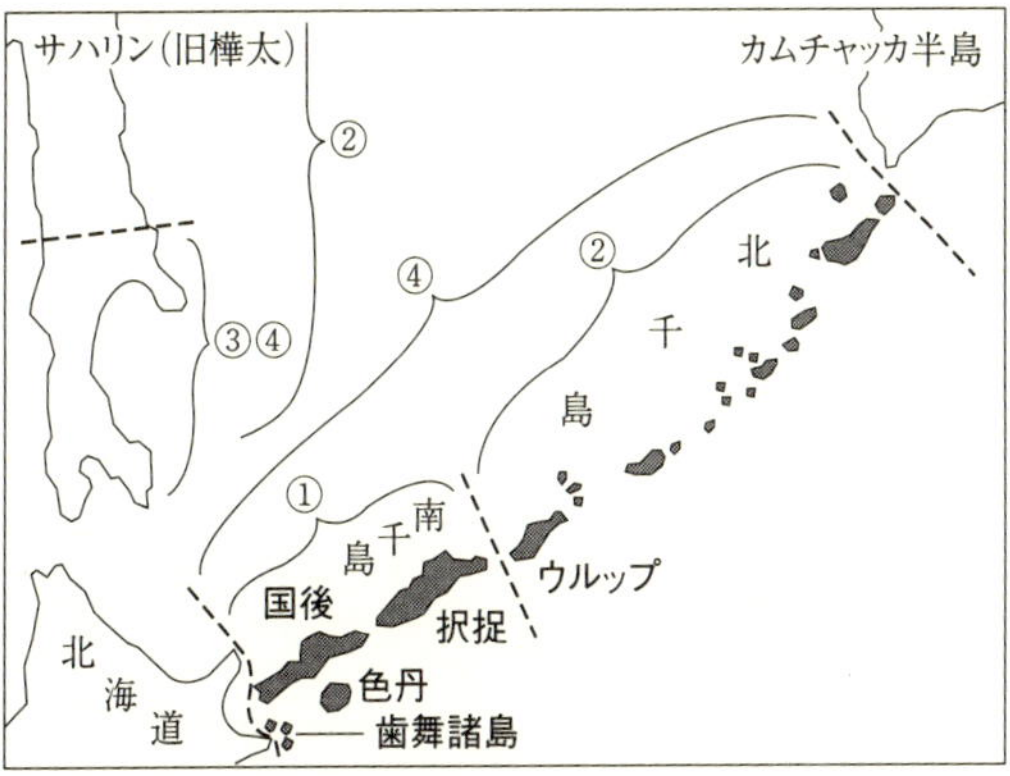

①「日露通交条約」（1885年）で、南千島が日本領となる。

②「樺太・千島交換条約」（1875年）で、日本はウルップ島以北の18島を領土とし、「雑居地」だった樺太をロシアに譲る。

③「日露講和条約」（1905年）で、北緯50度以南の南樺太が再び日本領になる。

④「サンフランシスコ講和条約」（1951年）で、日本は千島列島を放棄し、南樺太も失う。

った。ロシア人やアリュート人らが続々とロシアに去るのを見てアイヌもロシアに行こうと思っていたのだが、たまたま七六年に出漁した仲間の半数が帰島しなかったので、態度を決めかねていた。日本政府は現地視察団を派遣しアイヌを説得、以後、三年に一度、五〇〇〇円の「救育費」などを交付し、アイヌの「撫育」に努めた。ところが、アイヌが外国の密漁船に便宜を与えている節もみられ、露化著しいアイヌをロシアとの国境近くに置いておくのは、同化を難しくし、国防上も危険と見て、九八人のアイヌを色丹島へ強制移住させてしまった。

つまりは、故郷を無理やり捨てさせられたのである。しかし、当時の色丹島には人が住んでいなかった。文政年間（一八一八～一八三〇年）には九〇人余りのアイヌが住んでいたのだが、後に対岸の根室に移っている。「四囲概ね懸崖《けんがい》であって網を施すべき好漁場に乏しく」（高倉新一郎『アイヌ政策史』日本評論社）という悪条件ゆえのことだ。根室から出稼ぎに出ても海上が荒れて犠牲になることが多く、幕末には出稼ぎが禁止され、歴代の請負人が場所を開いても収支が合わずに打ち捨てられていた島なのだという。

三県時代の根室県、その後の北海道庁は、「勧農」と「教育」を柱に、さらに漁業と牧畜、海獣猟も加えてアイヌの定着と自立を図るが、事業はいずれも失敗に終わっている。生活環境と食べ物などの激変に伴うストレスには凄まじいものがあったようで、アイヌは五年間に半減している。

その後、もとのパラムシル島に帰そうという話も政府内にあったが、立ち消えとなった。アイヌが色丹島から姿を消したのは一九四五年（昭和二〇年）、日本の敗戦によってだった。敗戦間際に日本に宣戦布告したソ連が、北千島から次々と南下し、やがて全千島を占領した。色丹島のアイヌたちは、多くの和人とともに北海道に引き揚げ、そこから全国各地へと散っていった。そして、その消息はほとんど知られていない。まさに歴史に翻弄され続けた人々だった。この色丹島のアイヌたちの共有財産が今、「指定」「指定外」合わせて現金で二一万七〇〇〇円余りあるのだという。

秋辺さんの陳述は続く。

「千島アイヌの悲劇と残された共有財産のことを考え合わせると、私たちは歴史の背景を見過ごすわけにはいかないのです。そもそも日本は、江戸時代からロシアの南下を恐れていました。領土拡大の国家野望は近代においてピークでした。千島では、北千島アイヌがロシア正教のクリスチャンになっていくなどのロシア化に神経をとがらせ、その対策に苦慮していたようです。日本とロシアの領土争いであった、その最も象徴的な出来事の『千島・樺太交換条約』は決定的に千島アイヌを全滅へと突き落とすことになります。有無を言わさず『ロシアに帰属するか、日本に帰属するか』を迫り、やむなく選んだ日本への帰属は、結局は南千島の色丹島への強制移住でした。環境の過度の激変と移住生活のストレスから、次々と死んでいきました。

現在、千島アイヌである人を、ただの一人も捜し当てることはできません。先日実施された北海道庁のウタリ実態調査というアイヌ調査の項目にも、何ひとつ千島アイヌのことは記されていません。それでも、色丹島アイヌの共有財産について、名乗り出てくださいと北海道知事は言うのです」

なるほど、北海道庁自体がすでに千島アイヌは存在しないと認識しているようなのに、共有財産の返還対象者は名乗り出てください、と呼びかけているというのだ。矛盾を突いた指摘だ。そのうえで、秋辺さんは「共有財産」とはそもそも何たるものなのか、その意味をこう説く。

「私の母はよく言っていました。『千島はどこもみんな宝の島だよ！』と。特にお気に入りは、択捉島の小舟湾で、ここでの楽しく素晴らしかった暮らしの思い出をノートに書き残してもいます。また、両親とともに暮らした一〇歳頃の島での写真も残っています。色丹島のシャコタンに千島アイヌの仲間を訪ね、しばらく暮らしたこともあったそうです。そのひどい生活のことも聞いたことがあります。

私、秋辺得平にとって、色丹島旧土人共有財産のことは他人事ではありません。その共有財産は千島に暮らしていたアイヌみんなのものであり、アイヌ民族全体の共有財産であります。北海道知事がこれをまことに狭い範囲に限定して、申請人を特定しようとするのは、まったく理不尽なことです。そもそも北海道庁は、対アイヌ政策について、国とともにその行為のすべての検証と反省をすべきと思います」

共有財産とはまさに、アイヌ民族みんなの「共有」財産なのだ。原告たちは返還される共有財産を、アイヌの子弟を育成する基金として生かせないかと考えているという。

❀給与地詐欺と裁判で闘う

第五回口頭弁論（二〇〇〇年六月八日）で意見陳述に立った伊藤稔さんは、祖父名義の給与地を騙し取られた詐欺事件を裁判に訴えた体験を語った。その話に入る前に、まずは明治政府のまやかしの「人道主義」を厳しく批判する。

「法律をつくってアイヌ地を根こそぎ奪った明治政府が、こともあろうに、『保護』とか『給与地』などの人道主義もどきの吹聴をするのは、まったくのまやかしです。というのも、明治政府は明治二年、蝦夷が島といわれていたアイヌモシリを無断で併合し、『北海道』と改称し、開拓使を設置し、多くの土地を天皇の御料地にしました。そして、本州・内地では行き場のない二男・三男の小作農民を多く移入させてアイヌ地を与えました。また、明治維新戦争の終結で行き場を失い難民化した武士階級も、一人が一〇〇町歩～三〇〇町歩ものアイヌ地を我先にと取り合う状況を繰り広げました。かつての有島武郎の農場が良い例です。ニセコの有島農場は一八九八年、北海道国有未開地処分法により、武郎の父・武が四五〇ヘクタールの土地を得ました。かくして、当時の移住者集団は、さながら津波のように押し寄せ、その津波は手付かずのうっそうとした森をなぎ倒しました。そんな暴挙によって父祖伝来のアイヌ地やその宅地までも失い、薪採り、鹿猟、鮭漁までも奪われ、その飢餓で同胞父祖たちが多くの餓死者を出しましたが、それはまさにアイヌ慟哭史です。

そんな悲惨極まりない生活の悪化を見かねた心ある役人の開拓使への献言で、美名を借りた『保護法』がつくられたのです。それによる給与地も『保護』どころか、悪辣《あくらつ》な和人のだまし合いに多くの土地を失いました。私もその一人です」

付言しておけば、有島は自死する前年の一九二二年（大正一一年）に、農場を小作人たちに解放している。貧乏士族の家で生まれて大蔵省の官僚となった父が得た土地を、長男の武郎は手放したのだ。死のひと月ほど前に発表した『親子』という短編の中で、開墾請負人との交渉で安く値切る父の姿に不快を感じた子が、「農民をあんなに惨めな状態におかなければ利益のないものなら、農場という仕事はうそですね」と語っている。農場解放で私有農園から共生農園を目指すことで、階級の問題に自分なりの整理をつけようとしたのだろうが、その有島でもアイヌの人たちのことは念頭になかったことだろう。

陳述は、伊藤さん自身の体験談に移った。

「昭和二二、二三年頃、生地の名寄市内淵《ないぶち》九線において、祖父・伊藤ラッペウク名義の旧土人給与地四町四反八畝（一万三五〇〇坪）を、同住所居住の和人小作人・佐々木某氏に売買契約書の偽造によって奪われました。その名義移転の手法は、元小作人、同町の代書、町（現在は市）の農地委員会の、三者の結託によるものです。

『土地おかしいようだよ』と言われ行ってみてその事実を時効一年前に発見した私は、詐欺の刑事訴訟のため地元の弁護士に相談しました。訴訟費用を前払いして、時効前に準備書面を裁判所に提出するよう依頼しましたが、『取り返すのは民事でもいい』と何やかにやと書類提出を先延ばしにされました。刑事事件は時効になってしまい、結局、民事裁判で訴え、名寄で約一一年後の昭和三九年、決着をつけました。土地を返してもらうのが目的だったのですが、佐々木氏が二〇年以上使っていたという『耕作権』を楯に和解案を裁判官が出し、約一一〇万円の保証金で終わったのです」

たぶん、伊藤さんの事例は氷山の一角に過ぎないことだろう。私がアイヌの人たちから直接聞いた話の中でも、土地を騙し取られた例は少なくない。法律に疎かったアイヌから土地や金を騙し取るのは、とりわけ明治・大正期にはかんたんなことだったのだろう。伊藤さんの話は、そうした事例にも及んだ。

「全道で、騙され、酒代として、判を偽造されてなどで、ただ同然で取られた土地がたくさんあります。そのような土地を取り返した例をいくつか聞きますが、それはスズメの涙ほどです。道の『北海道旧土人概況』の中にも、和人に騙されて失う土地が多いことが書かれています。当然のことなから、その給与地の返還を願い、そうでなければ、その土地の今日の値にした補償を望むアイヌの同胞が多くいることを忘れないでもらいたいのです。

この共有財産問題は、過去のアイヌ民族の苦しい歴史の中から出てきたものです。したがって、その財産管理の実態を徹底的に明らかにしてほしいと考えています。そうでなければ、明治政府以来、国家規模で引き起こしたアイヌ慟哭史のひた隠しにもつながり、それは善良な日本国民をも欺くことになるからです。国際的には侵略と人道への罪には時効が無く、その贖罪は負わなければなりません。最後に裁判長の公正な審判をお願いして、私の陳述を終わります」

❀求釈明に被告側答えず

こうして原告各人の貴重な体験に根差した陳述が続いた。法廷の活性化を図る、それが「アイヌ慟哭の歴史」をより多くの日本人に認識してもらうことにもつながる、そして裁判官の「公正な審判」にも役立つ、と考えてのことだ。しかし、被告側は準備書面を提出するのみで、法廷ではほとんど一言も発言しない。退屈きわまる行政裁判、民事裁判の悪しき伝統に乗っかり、原告の生身の言い分にはまるで耳を貸す気がないようである。そこで原告側は、もう一つ、手を考えた。原告側が直接被告（知事）に質問を出し、その回答を法廷資料にする「当事者紹介」や、質問事項を提出して裁判長に相手側が説明するよう求めてもらう「求釈明」を積極的に活用していこうというのである。

その手始めに、原告側は第四回口頭弁論に提出した準備書面の最後に「求釈明」を付けた。次のような文面である。

「被告は、本件共有財産返還手続きに当たり、それまで被告が管理していた共有財産について『その指定経緯や改廃状況を十分調査した上で』返還対象となるすべての共有財産を公告していると主張している。そこで、共有財産の指定経緯、改廃状況を資料を明示した上で、すべて明らかにされたい。また、指定外財産を管理するに至った経緯も明らかにされたい」

何とか実体審理に持ち込みたいという、原告側の必死の法廷作戦である。しかし、これにも被告側の対応は実にそっけないものだった。第五回口頭弁論に向けて出してきた準備書面の最後に「求釈明について」と一項を立て、次のように突っぱねる。

「本件では、共有財産の返還手続きについては、返還対象となるべき共有財産の意味内容にかかるアイヌ新法の法令解釈が、指定外財産の返還については、その行政処分性がそれぞれ問題となっている。原告らの求釈明事項は、右争点に直接関連しないものであるから、釈明の必要はないものと考える」

「指定財産」については、あくまでも法解釈の問題だ。「指定外財産」については行政処分であるか否かが問題であり、「行政処分でないから訴訟の対象にならない」というのが被告側の主張だ。被告のこの立場は、裁判が始まった時から一センチも動いていない。あくまでも「解釈論」の枠内にとどめて門前払いを食わせようという魂胆なのだ。原告側はすかさず第五回に提出した準備書面で次のような根拠をあげて反論した。

① 本来、他人の財産を管理してきた者が権利者の財産を返還する場合、返還すべき財産について、第三者の財産が混入していたり、本来返還すべき財産が流出していないことを証明する義務を負っている。本件においても、他人の財産の管理者である被告は、返還すべき金額と現実に被告が返還する金額が同一であった調査事項を明らかにした上で、財産を返還しなければならない。

② 被告が現在管理していると称する金額が返還すべき財産のすべてであるかは、明らかにされていない。それを明らかにしないと、被告らが調査したと称して適当な金額を返還することによって手続きが終結する恐れがあり、その場合は不当である。

③ 被告は、「管理していた共有財産について、その指定経緯や改廃状況を十分調査した上で、返還対象となるすべての共有財産を公告している」と主張している。それなら、共有財産以外の財産が混入したり、返還対象とされていない財産がほかに存在しないことを証明するのは容易である。指定経緯、改廃状況を明示し、返還すべき財産と被告が返還する財産の同一性を明らかにしてほしい。

④ ところが、被告は「管理するに至った経緯及び形成時期が明らかでない」指定外財産があることを明らかにしている。これは、管理経緯、形成時期が定かでない財産の混入を推測させる。

だからこそ、「同一性」を明らかにする必要がある。

⑤　被告は「十分に調査した」のだから、本件求釈明に応じるには、すでに調査済みの結果を公表することで足り、容易である。にもかかわらず求釈明に応じないのは、アイヌ文化振興法第一条「アイヌの人々の民族としての誇りが尊重される社会の実現」、第四条「国および地方公共団体は、施策の実施に当たってアイヌの人々の自発的意思および民族としての誇りを最大限に尊重するよう配慮する」義務にもとる。

こうして再度の「求釈明」をしたうえで、第五回の法廷では小川サナエさんが再び、発言に立ち、道の姿勢を「今回、被告の北海道知事が、私たちが求めた釈明に対して答えないと判断したことに驚くと同時に、原告二四名全員の抗議の意思を表します」と強く非難した。そして、「共有財産は適正な管理がなされていず、公告の内容は不利益を受けるもの」「共有財産は『共有』のもので『個人』のものではない」と主張し、最後にダメを押した。

「被告の答弁書、準備書面は、法文上の解釈のみで、さらに詭弁を弄し、アイヌ民族の共有財産という一〇〇年の歴史の重みを考えたものではなく、歴史の事実を覆い隠すものです。道庁の方も来ておられるはずですが、過去の誤りの上塗りをするのではなく、あなた方の良心にもとづいて、アイヌ民族の誇りを取り戻すにはどのような処理をすべきかを、考えてもらいたいのです」

被告席には代理人だけでなく、道庁の職員らしき人間も座っている。傍聴席にもいるかもしれない。中には、陰ながら原告の資料探しの手伝いをしたり、さまざまな支援をしてくれる職員もいるという。まさに、自分の「良心にもとづいて」そうした行動をとっているのだが、行政機関としての道庁となるとそうした良心のカケラさえ探すのに苦労する。被告は、狭い枠内での法文解釈において法に忠実であろうとしているのかも知れない。だが、アイヌ文化振興法や憲法の本来の趣旨という、もっと大きな視野から見たらどうだろう。法律家や行政マンにも求められる「リーガル・マインド」とは、そうした立法の趣旨をきちんと汲み取ることではないのか。

❀道庁も認めた「教育資金はみんなのもの」

引き続き、原告各人の訴えを紹介する。

第六回（二〇〇〇年七月一三日）には、一二人の原告が意見を述べた。まず、原島則夫さんが「全道旧土人教育資金」について発言した。この資金は、公告では一九万八四一五円とされ、旭川関連の財産に次ぐ金額となっている。第一部で紹介したように、三県時代（一八八二〜八六年）に宮内省と文部省から交付された金と民間の寄付金を加えた計六〇〇〇円があったが、三県時代には目的とされたアイヌの教育にまったく使われることなく、死蔵されていた。原島さんは、この教育資金の返還に申請をしている。

「昨年一九九九年一〇月、北海道生活福祉部が実施した北海道ウタリ生活実態調査があります。ご承知のことと思いますが、この実態調査にもとづいてアイヌ民族の和人との経済的、生活の格差を埋めるための施策、すなわち『北海道ウタリ福祉対策』が行なわれてきています。第一回の実態調査は一九七二年、それ以後七年ごとに、今回は六年後ですが、計五回の実態調査を行ない、二六年間それにもとづく福祉対策が継続的に行なわれてきています。

その調査のアイヌ民族の進学率を見ますと、高校進学は調査の最初の四一・六%から九五・二%に、大学進学も八・八%から一六・一%へと、徐々に上がっています。全体の進学率が上がる中で、和人との格差は縮まってきていますが、大学進学率はなお和人の半分以下と開きがあります。一方、この実態調査の中の『必要としている対策』については、複数回答で『子弟教育のための対策』が七一・八%、『生活と職業の安定』が五六・三%になっています。この数字からは、自分自身が教育を受けることができず苦労してきたので、子供たちには教育を受けさせたいという親の願いと、それがかなわない生活の実態が浮かび上がってきます」

続いて、原島さん自身の家の話に移った。

「一九一八年（大正七年）生まれの私の父は、生まれる前に父親が亡くなりました。私生児扱いされて学校に通うのに苦労したということです。高等小学校に行きたかったが、叶えられませんでした。父は子供にはそういう思いをさせたくないと、お金のことよりも教育が大事だという考えを貫いて、四人の子供のうち三人までを高校に通わせました。PTAの役員を務めるなどもしていました。上の二人に続いて私が高校に入った時、父は『困ったな』と漏らしていた、と後で母から聞かされました。経済的に苦しくても教育を重視してくれた親に感謝すると同時に、今日のアイヌ民族の重要な課題がやはり教育であると考えています。その意味で、今回の教育資金がどのように使われ、どのように管理されてきたのかを、正確に知りたいと思っています」

さらに、原島さんは具体的に数字をあげて迫る。

「明治三二年一〇月三一日指定の公債証書・現金六二〇六円が北海道長官によって指定された最初のものですが、公告では昭和六年一二月二四日、公債証書・現金六二〇六円となっています。どうして最初の明治三二年の指定を公告していないのか、お尋ねします。この指定財産は、三二年経過した後でも全く同じ金額になっています。この間、出し入れがあり、間違いなく金額の変動があると思うのですが、三二年間の出納の経過すべてを、ぜひ明らかにしてほしいと思います。さらに、その後、一九九七年に返還するという金額一九万八四一五円になった六六年間の出納の経過も明らかにしてください」

最後にもう一点、すでに秋辺さん、小川サナエさんらが訴えていた「共有＝アイヌ民族みんなのもの」という主張と重なる意見を、原島さんも述べた。ただし、原島さんの主張は、相手・道庁側の矛盾を鋭く突くものだ。教育資金は他の財産とは性格が異なるという、道庁側の説明をそっくりそのまま返して、こう質した。

「全道旧土人教育資金は、他の財産項目と異なり、アイヌであればだれでも返還対象の資格がある、と請求の際に道より説明があり、その通りであると考えますが、そうだとするならば、アイヌ民族全体の財産であり、個人に返還できる性質のものではないと判断しますが、道の見解をお聞かせください」

道外アイヌはカヤの外

第六回には、道外唯一の原告である青木悦子さんも駆けつけ、意見陳述に立った。といっても、軽い脳梗塞の後遺症をリハビリ中で体が不自由だったので、椅子に座っての発言となった。法廷に来たくてもなかなか来られなかった事情から、話し始めた。

「私は神奈川県の川崎市に住んでおります。原告二四名のうち、道外の居住者は私一人です。今回の共有財産の原告になってから初めて、この法廷に参りました。仲間の援助によって来ることができたのです。来たいと思っていても旅費がかかるので、これまで来れませんでした。提訴の時には、緊張した思いをメッセージに託しました」

青木さんは、アイヌと家族の交流団体・ペウレウタリの会の会長を務めるなど、道外で地道な活動を続けてきた人だ。私とも二〇年近いお付き合いで、取材などではずいぶんお世話になっている。旅費がかかるのでなかなか出廷できなかったというのは、同じ神奈川県に住む私にも身につまされる話だ。私もこの裁判に強い関心を持ちながらもビンボーゆえに傍聴に行けず、本の執筆になかなか踏み切れなかったからだ。

ところで、道外でただ一人の原告という事実を、読者のみなさんはどう思うだろうか。「えー？

道外にも原告がいるの」と驚いただろうか、それとも「なんでたった一人なの」と逆に数の少なさに驚いただろうか。かつて私は、首都圏に住むアイヌの人たちに、道外にアイヌが何人位いるだろうかと尋ねたことがある。和人と結婚してできた家族も含めて、数千人から多ければ一万人ほどはいるだろうという数字が返ってきた。もとより、きちんとした調査結果があるわけではないのだが、けっしておかしくはないと思えた。関東にも関西にも、さらに九州にもアイヌの人たちはいる。そう考えれば、道外の原告が青木さん一人というのは、むしろ少ないはずだ。

青木さんは、帯広の南に隣接する幕別町のチロットというアイヌ集落で生まれ育った。チロットとはアイヌ語で「鳥のたくさんいる沼」という意味なのに、漢字では「白人」と書く。美しい原意とはまったく異なる、異種なる人たちの集落という感が強い当て字である。ここでもアイヌの人たちに対する差別は日常化していた。青木さんは故郷の話から説き起こした。

「私は一九四九年に十勝の幕別町、チロットコタンというアイヌの集落で生まれました。

家族は母と兄二人、姉と私の貧しい母子家庭でした。母と次兄と私は酒井姓でしたが、長兄は本間姓で、一番上の姉は武田姓でした。なぜ姓が違うかというと、母の妹の嫁ぎ先の本間家と母の実家の武田家に跡取りがいなかったので、それぞれ養子となっていたからです。昔のアイヌは、北海道旧土人保護法によって下付されたわずかな土地を知人にだまし取られることが少なくなかったので、それを防ぐためでした」

北海道旧土人保護法第二条では、給与地は「相続に因るの外譲渡することを得ず」と定められている。この第二条を逆手にとって、実質は所有権が認められていなかった給与地を必死に守ろうとした苦労がしのばれる話である。青木さんは就学前にアイヌコタンの中で遊んでいた時は差別を受けなかったが、学校に上がった途端、和人の子供たちの強烈な差別にさらされた。アイヌはクラスに一人か二人しかいない絶対少数者だったのだ。この体験から高校進学をためらい、いっそのこと東京へ飛び出す。

「私は中学卒業後すぐに上京しました。アイヌ差別から逃れるためでした。多くのアイヌが地元での厳しい差別から逃れるために、それと職を求めて北海道を出たのです。今日では日本全国に私たちのウタリ（同胞）が住んでいます。東京都は、東京在住アイヌの幾度にもわたる要求によって、一九七四年、『東京都在住アイヌ実態調査』を行ない、およそ二七〇〇人のアイヌが東京都に住んでいるという数字が初めて明らかになりました」

東京都は七五年（昭和五〇年）と八九年（同六四年）の二回、「アイヌ実態調査」の結果を報告書にまとめている。東京とその近辺に在住するアイヌの人たちの組織・東京ウタリ会（現・関東ウタリ会の前身）が東京都に熱心に働きかけて実現させたもので、調査自体もアイヌの人たちの手で行なわれた。東京都在住人口は、七五年報告で四〇一世帯・六七九人、八九年報告で調査対象が五一八世帯・八六三人（有効回収四〇七世帯・五一四人）となっている。この両調査結果から推定されたのが二七〇〇人という数字だ。ちなみに七五年調査では、五五年以降に上京した人が九二％を占め、その理由は生活苦から抜け出すのと差別から逃れることが大半を占めた。高度経済成長期以降に、多数のアイヌと家族が夢を求めて道外へ転出したことが推測される。しかし、道外へ出ることはアイヌ向けの福祉策の枠外へ出ることでもあった。青木さんは訴える。

「アイヌ民族が土地を取り上げられ、差別・同化政策の結果、経済的に和人との格差が大きいことから、種々の福祉対策が行なわれてきました。『ウタリ生活実態調査』(注・道庁による)にもとづく『北海道ウタリ福祉対策』が一九七四年にスタートし、現在も続いていますが、これらはすべて北海道に限られていて道外の私たちアイヌは一つも恩恵を受けることができません。アイヌを民族として認めること、経済的保障、文化的な権利などを求めた『アイヌ新法』制定によって、これらの課題の解決を期待したのですが、国が制定した法律『アイヌ文化振興法』ができても、この法律は文化のみに限られているため、福祉対策はやはり北海道に限られているのです。同じアイヌ民族でありながら、道外のアイヌは、子供に対する就学資金や住宅資金、その他種々の生活改善事業の埒外にあるのです。これがアイヌ民族に対する国の姿勢です。北海道に限っているのは、明治以来の北海道の植民地化によってアイヌ民族に対する同化・差別政策が北海道に限って考えられていたのと全く変わっていないことを示すものだと思います」

まったく同感である。「アイヌ文化振興法」ができてから、この法律を「アイヌ新法」と呼ぶ人たちがいる。マスコミも然りだ。それだけでなく、(あろうことか)実はこの共有財産裁判の原告側準備書面などでも「アイヌ新法」と称している個所がある。「旧法」に対する「新法」というニュアンスを出したいがためだとも推測されるが、これは腑に落ちない。

というのは、「アイヌ文化振興法」は「アイヌ新法」とは到底呼べないものだからだ。その理由は今、青木さんが述べた。そして、原告団長の小川さんもまた、「アイヌ文化振興法」が自分たちの求めた法律ではないと明言し、その内容や制定過程を批判している。私は、「アイヌ文化振興法」を「アイヌ新法」と呼ぶことで、北海道ウタリ協会が総会で決議までし、アイヌが一丸となって求めてきた真の「アイヌ新法」の制定という目標が見失われてしまうことを恐れる。そうした思いから、私はこの二つの法律の呼称に区別をつけて用いている。

青木さんの話は、返還公告の手続き批判を経て、故郷・幕別の共有財産に移った。

「次に、共有財産番号三の『中川郡幕別村旧土人共有』について、具体的な点をお尋ねいたします。十勝の共有財産は明治九年の漁業組合からスタートし『種々の問題が発生し』幾多の変遷の後、明治三五年一一月に北海道旧土人保護法一〇条の規定によって長官指定になったものです。この時は、中川郡各村となっており、曳網漁場や海産干場、宅地、現金などがありますが、今回返還すると公告した番号三は昭和六年指定のもので、『中川郡幕別村旧土人共有』になっています。最初の指定以後、財産処分などして変わったのだと思いますが、その財産管理の経過を教えてください。

昭和六年一〇月指定された財産は現金二四〇〇円となっています。同じ庁令で同じ『中川郡幕別村旧土人共有』として海産干場六畝歩、宅地三四坪が指定されていますが、返還財産の公告の表からは消えてしまっています。どうしてでしょうか、お伺いいたします。道の公告では返還する共有財産はすべて現金であるということですが、現金にしたとすれば、いつ、どのように現金にしたの

共有財産指定後経過一覧
（平成９年９月５日北海道公告分）

公告とは平成９年知事公告をいう。原指定とは明治32年及び35年の指定日及びこのとき指定された共有財産をいう。　支援する会作成

公告番号及び共有別	原指定及び価額	公告における指定期日	指定時価額	途中経過の判明するもの	S 51・1・22	S53・1・22	公告時財産種別及び金額	摘要
1河西郡芽室村旧土人共有		S6.10.2	1,300円	S8.7.1 3,749＊円	19,064円	21,791円	現金 63,096円	
2河東郡上士幌村旧土人共有		同上	280円	〃 1,030＊	516	586	現金 1,670円	
3中川郡幕別村旧土人共有		同上	2,400円	〃 5,782＊ 海産干場宅地12円	16,309	18,651	現金 54,015円	
4全道旧土人教育資金	M32.10.31 6,206円	S6.12.24	6,206円	〃 19,113	59,898	68,499	現金198,415円	昭和6年制定北海道旧土人奨学資金給与規定の原資として運用さる
5天塩国天塩郡、中川郡 上川郡旧土人教育資金	〃 260	同上	266円	〃 1,201	4,073	4,641	現金 13,445円	
6勇払郡鵡川村旧土人共有	┌〃 1,030	同上	500円	〃 327＊ 貸付金1,500	6,247	7,134	現金 20,656円	
7勇払郡苫小牧町旧土人共有	│〃 331	同上	100円	〃 187＊	471	527	現金 1,516円	
8虻田郡虻田町旧土人共有	│〃 47┐	同上	70円	〃 85＊	187	201	現金 581円	
9勇払郡穂別村旧土人共有	└含む │	同上	1,000円	〃 502＊ 貸付金1,508	8,146	9,301	現金 26,944円	
10勇払郡厚真村旧土人共有	？ │	同上	300円	〃 891＊	3,083	3,509	現金 10,153円	
11虻田郡弁辺村旧土人共有	〃 47┘	同上	100円	〃（豊浦村）174＊	428	484	現金 1,375円	
12白老郡白老村旧土人共有 胆振国白老郡白老敷生両村旧土人共有	〃 135	同上 M 36.1.23	135円 100円	〃（白老村）255＊	（?） 726	824	現金 2,375円	
13有珠郡伊達町旧土人共有	〃 158	S6.12.24	58円	〃 235＊	1,182	1,336	現金 3,852円	
14室蘭市旧土人共有	〃 40	同上	120円	〃 204＊	805	917	現金 2,646円	
15沙流郡各村旧土人共有	〃 349	同上	349円	〃 825＊	2,858	3,256	現金 9,408円	
16色丹郡斜古丹村旧土人共有		同上（1400号）	5,305円	〃（色丹村）5,200＊（証券）	30,214	34,556	現金100,091円	
17旭川市旧土人50名共有 旭川市旧土人50名共有 旭川市旧土人共有		S 9.11.1 S9.11.13 （92号） S17.6.6	畑6町2反8畝26歩 宅地36164坪5勺 田7町9反3畝19歩 原野2町6反5畝11歩 畑4町歩 金3,011円98銭	S 17.6.26 畑2町8反5畝9歩 （8件総計）	227,695	60,436	現金754,519円	
18厚岸郡厚岸町土人共有		T 13.2.21	雑種地海産干場2町4段2畝8歩 畑1町5段24歩 宅地3段27歩5合	6,008＊ 海産干場・雑種地（時価） 16,100＊	8,577	9,796	現金 28,342円	

注 「途中経過の判明するもの」欄について　①出典「北海道旧土人保護沿革史」昭和９年３月北海道庁　②＊印は支庁長管理
③同書p288の表には以下の項がみえる 帯広市旧土人共有宅地時価3500円同現金993円、池田町同現金4960円、本別村同現金4,226円

か教えてください」

幕別の例に限らず、道庁の公告にある財産金額は、明治三二年（一八九九年）あるいは三五年（一九〇二年）の「原指定」時からではなく、昭和六年（一九三一年）の「再指定」時からの数字を示しているものがほとんどだ。この三〇年間ほどの金額の経過と管理状況がまったくわからないものが多いのである（別表参照）。それなのに道側は「十分に調査した」というのである。

最後に青木さんは、自分の大好きな、一九歳で夭折したアイヌの天才少女・知里幸恵の『アイヌ神謡集』序文冒頭の一節を読み上げた。

「その昔、この広い北海道は、私たち先祖の自由の天地でありました。天真爛漫な稚児の様に、美しい大自然に抱擁されてのんびりと楽しく生活していた彼等は、真に自然の寵児、なんという幸福な人たちであったでしょう」

あまりに有名な美しい一節だ。だが、アイヌはその「自由な天地」を奪われた。青木さんは「自分たちのモシリを侵略されて少数者になった私たちは、たくさんのものを奪われ、失って、多くのアイヌが自分の故郷を去らざるを得なくなったのです」と締めくくった。鳥たちの多くすむチロットコタンを去った青木さんも、もちろんその一人だ。

第七回口頭弁論（二〇〇〇年一〇月五日）では、伊達市有珠の諏訪野楠蔵さんが意見を陳述した。

有珠とはアイヌ語の「ウシ」（湾）に由来する地名で、その名の通り、道南の森町から室蘭市まで大きく弧を描く内浦湾に面する地区だ。夏は海水浴場にもなり、「北海道の湘南」と称されるほど気候が穏やかな地域であるが、「有珠」と聞けば、私たちには二〇〇〇年三月末から始まった有珠山の大噴火の印象が強いことだろう。この噴火で、有珠地区の人たちは一カ月以上の避難生活を強いられたという。

伊達市は、北海道では数少ない和語の地名であり、六二万石の仙台・伊達藩に由来する。一八七〇年（明治三年）伊達支藩亘理《わたり》藩の旧藩主・伊達邦成が家臣とともに集団入植したのが町の始まりで、今でも藩主や家臣の血を継ぐ人々が同市に暮らしている。こうした和人の入植により、ここでもアイヌの人々の生活が圧迫されたが、有珠地区には今でもアイヌの人たちが多く住む。諏訪野さんは、アイヌコタンの変遷から話しだした。

「北海道でも気候が温暖な内浦湾沿いで、入り江があり島がある、自然の変化に富んだ有珠では、私たちの祖先、有珠のアイヌ民族は豊富な海の幸を頼りに、あまり心配事もなく、コタンが協力し合って生活を送っていました。

しかし、和人が多く入り込んできてからは私たちの生活は大きく変わり、魚介類、コンブなどを取る場所や権利からも、徐々に締め出される結果になりました。明治以後の風習の禁止でアイヌ語を話せなくなったり、生活が破壊され苦しんできたことは、今まで何人も意見陳述で述べてきたとおりです。

有珠について言うと、私たちの子どもの頃は、まだ現在の有珠漁港近辺は砂浜が続き、ハマグリ、アサリなど多くの貝がいましたが、今は埋め立ててコンクリートの築堤です。コンブ、魚類も減ってしまいました。五〇年前、三〇〇戸近くあった漁業者は一〇〇戸余り、現在アイヌの戸数は（その）七〇％くらいです」

それから諏訪野さんの話は、有珠地区にある「小島」に移った。アイヌの人たちの共有地であり、北海道長官の管理に指定されなかったがゆえに今に残っているのだという。面白い事例である。

「有珠には、潮が引くと歩いて渡れるモシリと呼んでいる小島があります。この小島の土地は先祖から引き継いで主にコンブ干場になっていた、我々アイヌ民族の土地です。この島の約四分の一は、我々アイヌ民族七二名の共有地になっていて、昭和になって仮登記していて、現在もその仮登記のままです。実は、この小島の土地と思われる共有財産が、町村長などの管理していた有珠郡伊達村の海産干場（一反歩）と漁場（一カ所）として道の資料に載っています（『旧土人に関する調査』北海道庁内務部、大正七年）。

北海道長官の指定にならなかったのですが、長官指定になっていたら、ほかのアイヌの不動産と同じように処分されて無くなったに違いありません。全道各地にはこのようにアイヌ民族の共有財産であったものが、役場や村の名士が管理していて、はっきりしないままわからなくなってしまったものがあると聞いています。私たち有珠の場合は、我々有珠のアイヌでちゃんと実際に使えるようにしようと話し合っている最中です」

長官管理になっていたら、処分されて無くなったに違いないとの指摘は、的を射ている。いい加減な管理の結果、全部で一五〇万円足らずの現金にされてしまったのが、そもそも今回の裁判の元なのだから。仮登記のままでも、法的な措置を取っていたがために、何とか受難を免れたのである。これから逆に推測すれば、一五〇万円という数字の外に、本当は莫大な共有財産が存在していたのではないだろうか。

この後の陳述で諏訪野さんは、自分が返還請求した番号一三の「有珠郡伊達町旧土人共有」の金額が昭和六年の再指定時のものになっており、その額が明治の原指定時とまったく同じ五八円であることを問題とした。そして今回の返還額が三八五二円になっているのは、昭和六年以降の利子分だけを加算したものなのかどうかも質した。そして、裁判長にこうお願いした。

「道が責任をもって共有財産に関する資料を提出しなければならないのに、それを拒否したため、原告として財産の経過について道の資料で調べられるだけ調べました。裁判所として一つ一つ検討し、返還できるものなのかどうか確かめてください。金額が正当なものなのかどうか不明な点が多く、私たち原告としては、このままでは損害を受けていると判断しています。これに対し、被告の道が金額の正当なことを証明しなければ、私たち原告はその損害を受けたままという結果に終わることになりかねません。そのようなことにならないよう、ぜひとも、不明な点をこの裁判で明らかにしてほしい、と思います」

いわゆる「挙証責任」の問題である。共有財産は被告の道が管理していた。その管理に関わる資料も道側が一手に握っている。もともと、原告と被告の間には圧倒的な情報量の差がある。しかも、それは一私人間の優劣ではなく、一方は行政府であり、他方は一私人なのである。もちろん、原告側も情報公開条例で資料の公開を求めることができるが、大変な費用と手間などがかかるし、どんな資料を開示するかは道側の裁量にかかっている。こうした諸々の条件を考えれば、行政府の道庁側が自らの調査が本当に「十分」で、本当に「すべての共有財産を公告した」ことを自ら証拠を提出して証明すべきであろう。

樺太アイヌの悲劇

石狩で生まれ育ったアイヌの豊川重雄さんは、「樺太アイヌ研究会」を仲間とともに立ち上げ、樺太から江別市対雁《ついしかり》に強制移住させられてきたアイヌたちの悲劇を調査し、重要な史実に光を当て直した一人だ。対雁移住後のアイヌたちは農業や漁業などを共同経営したが、その共有財産はすべて処分済みとされ、今回の公告には載っていない。しかし、豊川さんは樺太アイヌの悲劇を知り、慰霊祭を続けてきた人間として、黙っていられない。第八回口頭弁論（二〇〇〇年一二月七日）で発言に立ち、この問題の解明を訴えた。

「おれは石狩町生振《おやふる》コタンで生まれた石狩アイヌだが、子供のころは家ではあんまりアイヌの話はしなかった。差別があるからだ。二〇歳過ぎに札幌に出てクマ彫りになった。この職業についてからアイヌとのつきあいが多くなって、アイヌとして考えるようになった。おれが石狩アイヌとして疑問に思ったことは、生振コタンにはアイヌはおれの家と親戚の二軒だけ。なぜ石狩にアイヌがいないのかということだった。対雁にはアイヌがたくさん住んでいた。聞いてはいたが、それがどういうことなのかは知らなかった。三〇年くらい前になって、強制移住させられた樺太アイヌの悲劇を知らされた。明治八年のロシアと日本の『樺太・千島交換条約』の中で、アイヌがなぜ犠牲にならなければならなかったのか」

樺太アイヌの悲劇も、先に秋辺さんの発言のところで紹介した北千島アイヌの色丹島への強制移住と同様、そもそもの原因は一八七五年（明治八年）の「樺太・千島交換条約」に発する。この条約で樺太（サハリン）がロシア領になったので、樺太在住の和人はこぞって引き揚げ、アイヌは三年以内の国籍選択を迫られた。そして、日本国籍を選べば樺太から引き揚げなくてはならなくなった。結局、南部のアニワ（亜庭）湾内一体の一〇八戸・八四一人が北海道に移住することになった。樺太全島アイヌの三分の一強に当たる人数だ。

樺太では江戸時代に松前藩が二カ所に漁場を設け、南樺太を中心に請負商人がアイヌを働かせていた。この人たちは和人と一緒に暮らしており、和人が引き揚げるとなれば生活のために行動を共にせざるを得なかったようだ。それと、日本政府の執拗な働きかけもあった。二〇〇〇人を超えるアイヌは、北海道開拓の貴重な労働力になるという見地からだった。三年以内の自主的判断というのが条約の定めだったが、樺太アイヌの引き揚げはにわか仕立てであわただしく行なわれた。条約附録の調印が八五年八月末になされたわずか三カ月後に、移住第一船が樺太経営の日本側拠点であるクシュンコタンを出発しているのである。

アイヌたちが希望した移住先は、宗谷だった。樺太に近く、樺太でなじみの漁場請負人が宗谷に近い天塩《てしお》と北見で漁場持ちを命じられたことも、この希望の裏にはあった。ところが、黒田清隆開拓使長官は、石狩平野の中央にある対雁へ強引に移住させて、農業につかせようとした。宗谷に着いた一行は一年ほどそこに滞在したが、翌七六年（明治九年）に開拓使はアイヌ代表に現地視察させている。この代表らは対雁移住に強く反対したが、開拓使は同じ石狩で海に面している厚田に替えてはどうかと言葉巧みにもちかけ、同年六月に全員を船で宗谷から小樽へ無理やり運んでしまった。船には二〇人もの警察官を乗せ、海に出てから対雁への強制移住の真相を明かすという詐欺的なやり方で、船中が騒然とし、アイヌの首長が血を吐いて死ぬという事故も起きている。これでは強制連行である。

こうして強制的に送り込まれた対雁で、樺太アイヌの一行は開拓史の授産計画の下に農業と漁業に就かされる。しかし、その成績は惨憺たるもので、いずれも失敗に終わった。開拓史が廃止されて三県時代になると、札幌県が業務を受け継ぎ、「対雁旧樺太移民共救組合」を作らせ、アイヌの自立を図った。しかし、当時すでに大半のアイヌは対雁を捨て、漁場を与えられた厚田や来札《らいさつ》へ移っており、組合の事業は軌道に乗らなかった。

さらに、七九年（明治一二年）には九州や関西で大流行したコレラが道内にも広がり、対雁でも死者が三〇人にのぼった。また、八六、八七年（同一九、二〇年）にもコレラと天然痘が全国で大流行し、対雁では二年間に三五八人も亡くなっている。抵抗力のないアイヌの死亡率は特に高かったのだ。これで、移住アイヌの半分近くを失う、まさに壊滅的な打撃を受けている。

八〇〇人を超える大人数の強制移住は、こうしてわずか一〇年余の後には事実上破産した。さらに一九〇五年（明治三八年）に日本が日露戦争に勝利し、「日露講和条約」（ポーツマス条約）で北緯五〇度以南の樺太を日本領にすることが決まると、対雁や石狩に残っていたアイヌたちは再び父祖の地に戻ってしまった。

ところが、一九四五年（昭和二〇年）第二次大戦で日本が南樺太を失うと、この人たちは再び全員が日本へ引き揚げ、全国各地へ散らばっていった。まさに歴史に翻弄され、貴重な命や生活を奪い尽くされた人々と言える。

共救組合の共有財産については、高倉新一郎著『アイヌ政策史』（日本評論社）に次のような記述がある。

「事業はその後ますます不振を加え、、明治三四年負債は三万二〇〇〇余円となり、組合の維持が困難であるから石狩鮭漁場一カ所、厚田の鰊漁場を売却してその償還にあて、明治三五年残りの漁場および宅地を北海道庁長官の管理に移し、組合は事実上解散してしまうのやむなきに至った」

「かくして樺太譲渡に端を発した樺太アイヌ移住問題は樺太領有とともに終末を告げ、一人もとどまるものはなく、石狩にあった組合も第三期満期に至らずして解散されたものの如く、その所有にか丶る共有財産は、四〇年一月庁令第五号によって『旧土人保護法』第一〇条にもとづく共有財産として北海道長官の管理に移された。なかんずく明治三六年六月『北海道国有未開地処分法』第三条にもとづいて付与された土地も、これを担保として明治三九年八月樺太帰還渡航費二〇〇〇円を借り受け、そのままになり、ほとんど無主地となって放任されていたので、以後札幌支庁においてその負債の償却に努めていたが、大正一三年北海道庁はこれが整理のため共有財産を全部売却し、代金と保管現金とは共有権者の持分に応じて分配し、その明らかなるものは樺太庁長官に引き渡し、配当額の一割五分は北海道社会事業協会に寄付し、北海道在住の共有権者ならびに相続人不明の分は北海道庁長官の保管とし、旧土人保護資金として活用することとなった」

大正一三年（一九二四年）までに共有財産は全部売却され、現金化されたらしい。しかし、なぜ、「強制連行」されたアイヌが故郷に戻るのに、土地を担保に借金しなくてはならないのだろう。「代金と保管現金とは共有権者の持分に応じて分配し、その明らかなる者は樺太庁長官に引渡し」とあるのは、どこまで確実にアイヌの共有権者のもとに届けられたことだろう。なんで勝手に配当の一割五分を北海道社会事業協会に寄付してしまったのだろう。北海道在住の共有権者と相続人不明分は北海道庁長官が管理することになったというからには、それが今回の公告に入ってきてもおかしくない。

こんな疑問が、私には募る。さて、法廷の豊川さんも対雁アイヌたちの無念に思いを馳せる。悲劇を知った豊川さんは、遺族捜しをしたという。

「最初、ようやく地元の真願寺の過去帳にたどり着き、苦労して遺族捜しをした。今、樺太アイヌの人がどう思っているかわからないし、また、何のためにやるんだという人もいるけど、おれは、やっぱり知った以上、日本の領土問題で樺太のアイヌが北海道まで来て、いろいろ苦労してたくさん死んでいった、そういうことをきちっとこの世に出してやりたい。きちっと出してやらなければ、あまりにみじめだ。仲間と樺太アイヌは自分のことを『石狩アイヌ』と言うので、特に身内と思っている。ここで細かいことは省くが、だからそれから二〇年以上、対雁慰霊祭などをやってこれたような気がする」

同じ「石狩アイヌ」としての身内意識が、豊川さんにあるのだという。であれば、対雁の共有財産については大いに気にかかるところだろう。豊川さんは疑問をぶつけた。

「対雁の共有財産は、アイヌの意思も聞かないで寄付したり、有力者にうまいこと手に渡ったり、最後には樺太に帰ったアイヌにも返還したことになっているが、本当に返ったものかどうか、資料がない。処分してしまったことになっていて、今回返す共有財産に入っていない。その経過を明らかにしてもらわなければ、どうしても納得がゆかない」

年が明け、二一世紀になった。二〇〇一年二月一日の第九回口頭弁論では、アイヌ民芸の木彫り一筋に生きてきた荒木繁さんが、一家のルーツや伝統文化、ウタリ対策などについて陳述した。

「父は石狩アイヌです。父は木彫りを身につけて、渡島の大沼で店を持っていましたが、札幌に引っ越してきました。札幌では父の木彫りを母が売り歩いていました。昭和二八年、父は四二歳で死んで、母と我々兄弟五人の六人が残されて、生活が大変になりました。一八歳の兄が彫り物を引き継ぎ、母がそれを売り歩きました。私も一三、四歳くらいから兄の手伝いをして木彫りを身につけ、それから五〇年近く木彫りの仕事をしてきました」

道南から札幌に移ってきた荒木さん一家だが、繁さんは自分の本籍地がそのどちらでもないことを知る。空知管内の新十津川町だったのだ。

その経緯を、荒木さんは次のように推測する。

「私が結婚する時、本籍地が樺戸郡新十津川町になっていることを知りました。新十津川ワッカウエンペッ（水の汚い川）です。後になって、父名義の土地があることもわかりました。どうしてそこが本籍地になっているのか疑問に思っていましたが、NHKの番組で、アイヌが移住させられたところで現在は人が住んでいない、と紹介していました。給与地であったと思われます。しかし、石狩アイヌがワッカウェンペッに好きこのんで行ったはずがありません。全道各地に同じような例がありますが、強制移住させられたが住む所でないので引き揚げてしまった、というのに間違いありません」

この推測はたぶん当たっていることだろう。旭川・近文の例もそうだった。和人の大量流入→市街地の発展→アイヌの強制退去・移住という図式は、珍しくない。釧路でも似た例がある。道内の市町村史を丹念に調べれば、まだまだ見つかることだろう。

新十津川町は、生い立ちに特別な歴史をもつ町だ。一八九九年（明治二二年）、奈良県十津川郷の六つの村が集中豪雨により水没、四〇〇戸余りが全壊・流出し、一六八人の死者を出した。そのため、北海道に六〇〇戸・二九九一人もの集団で入植したのが、始まりである。村全体がそっくり移転したと言ってよく、母村にちなみ「新十津川」と名づけられた。集団移住は北海道に珍しくないが、こんな例はほかにない。

ところで、道内の地名の八～九割はアイヌ語と言われている。アイヌ語地名の特徴は、土地の実形から命名していることで、アイヌ語に詳しい人はその土地に行かなくともその土地の様子や特徴がわかってしまう。「ワッカ」（水）「ウェン」（汚い）「ペッ」（川）という土地であれば、だれが好んで住み着こう。「自由の天地」で暮らしていたアイヌが、わざわざそんな場所を選ぶはずがない。十津川郷からの集団移住により奥地へと追いやられたことが、容易に想像できる。つまりは、荒木家のルーツは道南にあるのではなく、新十津川にあり、そこを追われてから流転の波に呑まれていったと推測できそうだ。

荒木さんの陳述は、木彫りの世界の苦しさに移った。

「経済が高度成長期といわれる頃はよかったのですが、木彫りの世界にも台湾などの外国ものが入ってくるようになり、大変になってきました。型だけ彫ることを我々アイヌに頼むというので、出かけた人もいました。プラスチック製のクマまで出回ったのです。このような偽物で我々の仕事を奪うだけではなく、アイヌ民族の精神的な生活に根差した手作りの伝統文化をぶち壊してしまうもので、許すことができません。

現在もこの製作と販売の構造は変わっていないので、仲間もほとんど木彫りをやめてしまっている状態です。何とかしなければならないと思っていますが、一人の力ではどうしようもありません。このように、我々アイヌ民族の生活は、大きく和人の考えとその時の経済に支配されてきたために、不安定なのです。もとはといえば、だまされて土地を取られたり、住んでいた土地から強制移住させられたことの根本原因があります」

台湾製のアイヌ木彫りが出回っているとは、驚きである。クマや鮭などの木彫りは、追い詰められるなかでアイヌの人たちが生活のために作り上げてきた民芸品だ。それが、アイヌの伝統とはまったく無縁の外国で生産され、北海道に来た観光客らが喜んで買っているとは、「知らぬが仏」ではすまされない話だ。

そうしたアイヌ抑圧の核には、荒木さんが指摘するように、土地（アイヌモシリ）の強奪がある。土地を奪うことは、生活文化圏全体を奪うことである。狩猟・漁労で生活をしていたアイヌが他の土地へ強制的に移される。旧土法以降は露骨に農民化を強制される。そして、日々の食べ物もそれまでとは異なるものを強いられる。これは個々人のアイヌはもちろん、アイヌ民族総体も弱体化させ、窮乏化させてゆく大きな原因となった。疫病の大流行時に和人よりかなり高率の被害を出したのも、アイヌの体力低下が背景にあったはずだ。それは日本政府の対アイヌ政策の誤りゆえにほかならない。そして、その影響は今なお色濃いのだ、と荒木さんは指摘しているのである。

❀突然の結審通告

原告が自身の体験にもとづいた民族の歴史を語る、共有財産返還の問題点を指摘する。そうすることで法廷を活気づけ、中身のある審理にする。こんな原告側の法廷作戦は回を重ねるにしたがい、歯車が順調に回転しだしたようだった。当初は内部で多少のギクシャクもあったという原告団、弁護団、支援する会三者の呼吸も、しっかりと合い始めた。しかし、意見陳述は、裁判所側からすれば例外的なものであり、裁判官が一応聞き置くという扱いしかしていない。そこで原告側は、正式な供述として扱わせるために、第八回口頭弁論で原告二四人全員の人証申請《じんしょう》をしている。人証とは裁判で人の供述内容を証拠とするものである。また、法廷外で取り組んでいた道知事に対する要求署名も知事と裁判所に提出した。これは、原告の出した問題点・疑問点に知事が答え、未公開の共有財産管理資料も提出することを求める署名で、ひと月ほどで二二六一人分の署名を集めていた。

こうした法廷内外の高まりもあって、第八回口頭弁論後の集会で房川樹芳弁護士は、「毎回一〜二名の陳述が定着し、認められるようになり、いい方向になっている」「今後の進行については、原告二四名が今までの意見陳述ではなくて、ちゃんとした原告本人としての供述をする、一種の証人尋問のようなもんですよね。今日その申請をしたものですから、今後そのような尋問をするかどうかを含めて裁判所が検討したい、となってきたということで、かんたんに門前払いにならないのでないか、というのが私個人の考えです」（支援する会「ニュース」第一三号）と語っている。実体審理への扉が開くのではないか、という期待に満ちた発言だった。

しかし、まさかという事態が起きたのである。一気に奈落に落とされる衝撃が、原告側に走った。第九回口頭弁論で、原告の荒木さんが八分ほどの意見陳述を終えた時である。中西茂裁判長がやや早口にしゃべりだした。

「今までの準備書面を前提に今後の進行を検討したが、その結果、現時点で裁判所の判断を出せるという結論に達し、弁論を終結することにしました。判決は四月二六日午後……」

わずか三〇秒ほどだった。小さな声の最後は聞き取れない。三人の裁判官はあっという間に姿を消した。「これは何だ」と、傍聴者らはぼう然とするだけだ。集会で房川弁護士が、前回のときとは対照的なこわばった表情で報告した。

「我々もあっけに取られた。要するに、今日でこの裁判を結審する、判決を四月二六日午後一時一五分に言い渡す、と言ったのです。通常、両方それぞれ主張を出して、主張に対する裏づけをそれぞれ立証するという作業をするんですが、裁判所はそれをしなくてもいいと言ったんですよね。事実関係については分かった、あとは法律の判断だということです」（支援する会「ニュース」第一四号）

事実関係の何がわかったというのだろう。これまで意見陳述に立った原告は一三人。まだ九人が何の発言もしていない。一八件の「指定財産」の中に、まだ触れていないものもある。しかも、裁判官は途中で三人全員が入れ替わっている。結局は、準備書面の法律解釈論争だけにしか目が行っていなかったのか。原告側は第七回、第八回と続けてかなりの量の準備書面や証拠説明書を提出して被告側主張に対する批判を念入りに展開しておいたのだが、おかしなことに、被告側はこれにまったく反応せず、書面の認否をしてこなかった。房川さんはこう言う。

「昨日までまったく反論がこなかったので、おかしいと思っていた。今日出すかなとも思っていたが、今日は出さなかった。勘ぐれば、道は裁判所の判断を知っていて、書面を出す必要がないと判断していたと思わざるを得ないので、非常に強い怒りを覚えました。『あー、こういうものか』という裁判所のやり方に対する失望を改めて感じました」(同)

村松弘康弁護団長も、怒りを隠さなかった。

「これだけ世間の注目を浴びている事件で、民族の財産の管理経過を司法が明らかにしないというのは、よほどのことがない限りないだろう、と実は思っていました。しかし、今日こういうことですね。裁判所は行政を追及しない。日本の裁判は行政になぜこんなに弱くなってしまったのか。国と道が一〇〇年間、アイヌ民族の財産を管理の名において奪った。もともと持っていた財産を、その管理経過と責任を明らかにし、特定できるものをすぐ返してください、と損害賠償、いきなり国家賠償を起こす方法がある。もともと財産を持っていたあらゆるアイヌがやれる。そういう踏み込み方をするかどうかですよ。日本のアイヌが先住民族の権利としてやるかどうか。十分検討してほしいと思います」(同)

行政訴訟では手続き論でお茶を濁されてしまう。ならば、国家賠償を求めるところまで踏み切ってはどうかというのだ。さらに村松さんの話は、ともすれば内部で小さな「派閥」を生じさせ、足の引っ張り合いでいっそう力を分散させがちなアイヌの現状にも及び、今こそ大同団結の絶好の機会なのだと訴えた。

「差別、抑圧された人たちが陥りやすいのは、その差別を身内に持ち込むことですよね。そして、ばらばらになっていく。ばらばらになっていったときに、誰が喜びますか。その過ちをまた繰り返すんなら、やらない方がいい。でもね、その財産を返せと言える絶好のタイミングではあるし、恐らくこの機会を逃したら、歴史的にもう来ないかもしれない。『一〇〇年間の共有財産の管理経過に封印をします』と裁判所は言う。その時に、みなさんは怒らないといけないと思いますよ。……ここで落胆することはまったくない。道は開かれている。いきなり本丸を攻める、その決断をする時が来たということです」(同)

原告たちは怒った。大いに怒った。しかし、落胆はしなかった。望みをつなぐ道を、粘り強く求めたのだ。とにかく真っ当な批判を、裁判所にも道庁にも加えてゆくということである。二〇〇一年三月一二日には道議会の全六会派に、この問題を議会で取り上げるよう求める要請書を出し、全議員にアンケートも送った。また、三月二二日には、中西裁判長宛てに小川原告団長と支援する会の松田会長連名の「抗議文」を送りつけている。結審を取りやめて弁論を再会するよう求める、次のようなものである。

「貴中西裁判長は、本年二月一日、アイヌ民族共有財産『返還処理』に関する裁判の第九回口頭弁論において『弁論を終結し、判決を四月二六日とする』と発言しました。この判断は一体どこから出てくるのでしょうか。これほど多くの疑問のある『返還』についての裁判を打ち切ることに、心の底からの怒りをもって抗議をするものです。

原告は、昨年一〇月二日の準備書面で、公文書開示請求によって入手してきた北海道庁の公文書に基づき、可能な限り共有財産の管理経過と問題点を明らかにしました。その疑問・問題点に被告が答えずして返還金額の確定はあり得ません。被告は『指定経緯や改廃状況を十分に調査した上で、返還の対象となるすべての共有財産を公告しているのである』と主張したことからも、貴裁判長は被告に、その金額確定の資料を提示し『返還金額の根拠』を示すよう訴訟指揮するのが当然の義務です。しかし、これを行なわなかったのは、裁判長としての最も基本的な任務放棄のなにものでもありません。

更に、昨年一二月七日付で『証拠の申出』を提出し、一人ひとりの原告が具体的に供述して主張しようとするのを認めずに、結審としました。今までの原告の意見陳述は正式な証拠となっていないものが多く、まだ一度も陳述していない原告がいるのにです。一番重要な原告の提訴した理由を本人から聞かないという原告無視を許すことができません。

原告からのその他の準備書面を検討していただければ、更に、この段階で結審する判断ができるはずがありません。それは公務員の不作為というべきで、国民の権利を擁護し正義を追求する裁判所にあるまじき行為です。このことに抗議し、直ちに弁論を再開することを要求します」

さらに四月一二日には、原告代理人も裁判所宛てに「口頭弁論再開の申立書」を提出し、「審理不尽《ふじん》」による弁論再開を要求した。こうしたアピールが効いたのか、珍しいことが起きた。裁判長が判決言い渡しを延期したのである。

四月二〇日に原告・被告双方の代理人を交えた打ち合わせ会議がもたれ、返還しないとされた三人についてのみ弁論を再開することが決まった。もちろん、原告側代理人は他の原告も入れた弁論再開を要求したが、それは容れられなかった。この三人に限るという線は、被告側代理人の要求に沿うものだった。

返還しない三人と、その各人が申請した共有財産は、秋辺得平さんの指定財産一六番（公告の一覧表番号・色丹郡斜古丹《しゃこたん》村）、指定外財産五番（色丹村）、鹿田川見さんの指定財産五番（天塩国天塩郡・中川郡・上川郡）、一七番（旭川市）、豊川重雄さんの同五番である。このほかに、秋辺さんと鹿田さんは全道教育資金（同四番）についても請求しており、そちらは返還が認められている。

被告側は、この三人には請求資格がないことを明らかにできれば、自分たちの正しさを証明することになると考えているのだ。あくまでも手続き論の範囲内で、規則に合っている人には返す、合っていなければ返さない、だから自分たちのやってきたことは正しいのだ、と主張しようというのである。原告側はそれを承知で、三人の尋問を通じて被告側の矛盾を突くことは可能と判断、受けて立つことにした。

❀アイヌにはアイヌのやり方がある

第一〇回（〇一年六月一日）は三人の尋問の日程を決めただけで閉廷、第一一回（七月一三日）に鹿田川見さんと豊川重雄さん、第一二回（八月二八日）に秋辺得平さんの尋問が行なわれることになった。この三人に対する尋問は原告側代理人が質問し、それに原告が答える形で進められた。三人の供述を通じて明らかになったのは、アイヌにはアイヌ風の暮らしと風習（アイヌプリ）があり、それが今にも伝わっている、それを侵略者たる和人が勝手につくった法律で裁こうとすることの矛盾だった。

最初の鹿田さんに対する尋問では、旭川の共有財産返還に関連してアイヌの家族制度がクローズアップされた。鹿田さんは、権利者として指定された五〇人の中に川見さんの直系の祖先が入っていないことを理由に返還申請が認められなかった。その考えはアイヌの思いとは大きく異なるというのだ。法廷のやりとりを再現する。話は、原告代理人・増谷康博弁護士の質問に答える形で進む。

――（返還申請に関連して）例えば道として、あなた自身は資格がないよとか、どうして請求をするのかという質問をされたことがありますか。

鹿田　申請の段階で何度も家に道の方から電話がきまして、あなたは本家でも長女でも跡取りでもないのに。
……（中略）
――その電話では、あなたはこういう事由で該当しないのですよとか、親切丁寧に教えられたということはありますか。
鹿田　親切丁寧といえるかどうかわかりませんが、あなたは跡取りではないし本家でもないのに、本家の人が申請しないことを、なぜあなたがでしゃばるように申請するのかと言われたことがあります。

鹿田川見さんは鹿田三吉さんの次女である。三吉さんの父は寅吉さんだ。寅吉さんの父は鹿田アンノウックさん。このアンノウックさんの長男にイソナイさんがおり、寅吉さんは二男である。つまり、イソナイさんと寅吉さんは兄弟である。さて、旭川の共有財産の権利者五〇人中に、鹿田シマさんがいる。シマさんはイソナイさんの長女である。道の言い分は、共有財産を指定した当時にその共有財産の共有者が特定されている場合には、その子孫に返還する定めになっているから、シマさんの子孫ではない川見さんには返還の資格がないというのだ。尋問に川見さんは自分の考えを次のように説明する。

――道が言っているシマさんの子孫に対してだけ返還するという点に関して、あなた自身、ここが違うのではないかという考えがあると思うのですが、具体的に考えていることと道の考えていることの違いを説明していただけますか。

鹿田　道が言っているのは、直系、その家の直系の人にのみ返還するということなのですが、私の考える共有財産とは、本家でも分家でも長男でも次女でもそういうことは関係なくしてアイヌ全体に、例えば鹿田、今は一応鹿田で申請していますが、鹿田でなくてもアイヌの縁者でしたら全体に対してあるべきものだと考えてます。ですから、法律的にはだめだと言われても、私はこの考えは変えません。

――一つ確認しますが、旭川市の五〇名の共有財産の指定の当時は昭和一一年一一月ということですけども、その当時は今言ったあなたのおじいさんにあたる寅吉さんは、本家から分家をしているということになっていますよね。それは大正一一年なのですが、五〇名の共有財産の指定当時は、すでにシマさんの方の本家と寅吉さんの方の分家という形で明確に分かれていたということがありますよね。

鹿田　はい。

――それでも、そもそもアイヌの共有の考え方というのは今言った法律上の共有と違うというのは、あえて言うとどういうことになりますか。

鹿田　アイヌは昔から、長男ですとか本家ですとか、世襲ではないんです。養子をもらったり養子に出したり。でも、そうやって受け継いでいくものは受け継いでいくのですが、お前は本家でないからだめだとか、この日本の法律に、今当てはめられようとしていることには、とても私には理解できかねます。

——要するに、アイヌ民族の家族制度が、今言った本家とか分家とか世襲制だとか長男次男だとか、そういう考えが元々ないということでよろしいでしょうか。

鹿田　はい。そうです。

——だからこそ、この当時の日本という国には、民法という法律が適用されているから、本家分家という形で戸主が誰なのかという形で戸籍が作られているけれども、元々アイヌの考え方としては、そういう考え方は一切ないんだということでよろしいでしょうか。

鹿田　はい。

確かに現行法の規定を杓子定規に解釈して「本家の直系」にしか権利を認めないとすれば、指定時（昭和一一年）より前（大正一一年）に分家をし、その分家の子孫である川見さんには返還対象者としての資格がないと言えるかもしれない。しかし、アイヌにはそうした本家分家、長男二男という区別が重要でなかったとすれば、もともとアイヌの財産を返還する場合に、その習慣をまったく無視して良いのだろうか。

さらに、原告側は準備書面で、指定時に権利者とされている人は「当該地域で生活するアイヌの代表者として」氏名が掲げられているのではないか、指定では五〇戸とされているが『北海道旧土人概況』（昭和一一年）では旭川の当該共有財産の共有者は「七五戸、三四五人」とされており、この中に川見さんの父・三吉さん、祖父寅吉さんが含まれていることが強く推測される、という主張をしている。一考に価する指摘だ。

最後に、鹿田川見さんは博物館勤務をしている自身が受けたショッキングな体験を紹介し、審理の継続を訴えた。

鹿田　私はアイヌの中でも差別を受けていないアイヌです。ですから、差別を受けているアイヌから見たら、とても恵まれているのですね。ですが、私は自分がアイヌだということをずっと隠してきました。それはなぜかというと、アイヌであるということだけで恥ずかしいことだと思ってきたからです。なぜ恥ずかしいのかと考えたときに、私たちアイヌにはアイヌという言葉だけでとても差別の用語なんですね、それだけで。蔑称なんです。ですから、今でもアイヌという言葉を嫌う人は多いはずです。

ですが、和人の多くの方々にも私たちアイヌのことを何もわかってもらえなくて、例えば去年、私は博物館に勤めているのですが、アイヌの展示がありました。私は受付にいましたが、観光客の人が私を見て、「おっ、アイヌ」と言ったのです。私は黙ったままいました。「あんた、日本語話せるのかい」って言われたのですね。私はこの人何を言っているのだろうと思って一瞬黙ったら、「わかんないのかい」と言われたので、「いいえ」と言いました。「なんだ。わかるならさっさと日本語しゃべれ」と言われたのですね。

ですから、アイヌというだけで日本語をしゃべれないだとか獣を食べて生きているとか、そういうことばかりが多くの人の心の中に残っていて、そういう見えない差別みたいのが、ずっとはびこっているわけですね。今回、この共有財産のことを通して、共有財産の申請ですとか裁判ですとか、これを通してやはり一人でも多くの人にアイヌのことをわかってほしかった。正しいことをわかってほしかったというのがあります。それから、私たちのアイヌの今一番の願いは、この裁判を途中でやめてほしくありません。きちっと審理してください。アイヌ語の中に「チャランケ」というのがあります。これは日本語では「談判」と訳されていますが、お互いが徹底的にわかりあうまで、納得できるまで話し合うという意味です。ですから、この裁判はアイヌ語で言えば「チャランケ」だと思うのです。ですから、お互いに本当に納得できるまで、どうか中断しないでください。お願いします。

漁場を自由に往来

次の豊川重雄さんは、「天塩国天塩郡・中川郡・上川郡」の共有財産に申請をし、資格が認められなかった。「石狩アイヌ」の豊川さんが、住んだことのない「天塩」の共有財産について権利がないのは明らか、という理由からだった。尋問には原告側代理人の房川弁護士が立ち、アイヌの狩猟・漁労のあり方と独自の居住概念が明らかにされた。

――さきほどあなたは自分で、石狩で生まれて石狩アイヌだというようなことをおっしゃられましたが、あなたが請求したのは天塩国天塩郡、中川郡、上川郡土人共有というものですね。

豊川　はい。

――石狩市の辺りとは場所的に離れているのですが、ここにあなたが請求したのは、何か理由があるのですか。

豊川　はい。私ではないけれど、私の親、親戚の人方《ひとがた》、我々アイヌは狩猟民族ですから、いろいろな所に行って狩猟したりサケを捕ったりマスを採ったりします。春はニシンを捕るんだけど、ニシンが終わってからマスの時期になると、石狩川にもマスは上がってきますけれど、まず天塩川に出稼ぎに行ってマスを捕ってくるという、そういう話をよく昔の年寄り、私の親父から聞いていました。そんなことで、私は中川郡に求めたわけです。

……（中略）

――いつころから、ずっと行っていたということですか。

豊川　明治の末から大正にかけて。そういう話を聞いています。

――それはお父さんから聞いたということですか。

豊川　ええ。

――おじいさんは、もっと前に行っていたわけでしょうね。

豊川 そうですね。我々民族は、どこということなく転々として狩猟していますから、何でもない話だと思います。

――船は、何艘くらいで行っていたと聞いていますか。

豊川 三艘くらいで米を積んだり味噌を積んだり塩を積んだりして行くから、大体、一〇人は行かないけど、六、七人は行ってると思います。

――一度漁に出ると、何カ月も定着するわけですか。

豊川 そうですね。三カ月くらいそこに寝泊りするから、ちょっとした家を建てたと思います。

――家を建てて、そこに寝泊りして漁に勤しんでいたということですか。

豊川 そうです。

――天塩川を上って行ったということは、そこに何らかの、今で言う漁業権みたいなものがあったということでしょうか。

豊川 当時は漁業権はないと思います。

――そうすると、アイヌ民族として昔からやっていた生活とか漁労の一端として継続していたということですか。

豊川 そうです。

――現地の人と、漁業権がないということでもめたという話を、聞いたことはありますか。

豊川　それは聞いたことがありません。
――お父さん方、あるいはおじいさんたちは、何も問題なく毎年、そこに何カ月も定住して、マスなんかの漁労をしていたということですか。
豊川　そうです。
……（中略）
――あなた自身は、石狩で生まれ育っているのですね。
豊川　そうです。
――天塩の方に、そういった権利があるというふうに考えておられるということですか。
豊川　はい。昔は権利というものではなく、自由に捕れたのではないかということです。

石狩のアイヌでも漁期になれば天塩まで出てゆく。そして、そこで何カ月か定住して、漁が終わればまた石狩に帰ってくる。これが、狩猟民族たるアイヌの漁労の、ごく当たり前のやり方だったのだろう。法的な「権利」の問題はここにはない。しかし、共有財産の返還は法的な手続きに忠実に則って行なおうというのだ。だが、その法律・手続きとは何なのだろう。豊川さんはそこに和人政府・道の横暴とまやかしを見る。

――共有財産ということで、道に管理されていたということ自体について、あなた自身はどういうふうに考えておられますか。

豊川　私は今、共有財産でも土人保護法に基づいた財産でも、私はものを作って百姓するという考えは毛頭ありませんけれど、だけど道が作った法律であって道の管理の中で、シャモ（注・和人）の中で売り買いしたっていうことは、自分たちが作った法律だから、そこにアイヌの名前を飾っただけの話だと思いますけれど。今までやったことに対して、北海道の道庁の方々にやっぱり聞きたいことは、いつ誰にどうしてこういうことをしたのかということ。それだけは、はっきりしてもらえれば、私はこれから財産をくれとか土地をくれとかは言いません。まず、誰によってどうしてアイヌの財産を売ったかということ、それだけ聞きたいだけの話です。

和人が勝手に作った法律でアイヌの財産を処分した。それを取り繕うために「旧土人保護」という名前を法律に飾りとしてつけた。それが旧土法だ、というのだ。であるなら、「いつ」「誰が」「どうして」アイヌの共有財産を処分したのか。それをはっきりさせること。すべてはこれに尽きるというのである。

千島列島を渡り歩く

返還申請が認められなかったもう一人、秋辺得平さんは第一二回口頭弁論（〇一年八月二八日）で尋問に答えた。秋辺さんは、「指定財産」の色丹郡斜古丹村と「指定外財産」の色丹村の共有財産について、返還資格がないとして申請が認められなかった。しかし、秋辺さんの陳述もまた、前の二人と同様、返還対象者を特定地域の特定の者だけに絞りこむことに強い疑問を提起するものだった。本籍が釧路市にある母や祖父母らが、実際は千島列島の各島を渡り歩いて暮らしていたというのだ。房川弁護士が、まずは秋辺さんと千島との関わりから尋ねた。

——あなた自身は色丹村あるいは色丹郡斜古丹村に直接関係はあるのですか。

秋辺　私は得撫島字床丹《とこたん》というところに出生し、二歳までそこに暮らしました。したがって、斜古丹村には居住しておりません。

——あなた自身は関連ないと。

秋辺　はい。

——そうすると、あなたはどなたが関連すると考えておられたのですか。

秋辺　私の母、および母方の祖父母であります。

——あなたのお母さんと母方の祖父母が、斜古丹村に居住していたということなのでしょうか。

秋辺　そうです。

……（中略）

——この乙七号証の四の改製原戸籍を見ますと、秋辺福治さん、秋辺サヨさん（注・得平さんの祖父母）も本籍は釧路市になっていて、中を見ますと斜古丹村との関係が出てこないように見えるのですが、これは戸籍ですから居住している部分が直接出てこないということだと思うのですけれども、あなた自身は色丹島にお母さんと祖父母の方が居住していたというのは、どういうふうに聞いているのでしょうか。

秋辺　直接聞いたのは私の母、秋辺ミサからでありますが、母が小さい頃から両親に連れられて千島列島の二四の島ほとんどで仕事で歩いて、一年ないし二年、それぞれの赴任先で居住していたということを聞いておりました。その中に、色丹島においては北千島から強制移住させられた人たちが少しおられて、大変顔色が悪く不健康な様子であって、自分たちと比較して非常にかわいそうであったということを聞いておりました。そのときは、それまで島の密漁監視員として農林省の雇いで出かけていたものが、その仕事にありつけないときは、色丹島、国後島、択捉島、その島々で海苔を採って、それを根室あたりの海産商に売ることで生計を立てていて、そのときに色丹島にいたというふうに聞いておりました。

――それはお母さんが何歳くらいのころと聞いていますか。

秋辺　母が一〇歳前後かと思います。

――それはお母さんがまだ一〇歳前後の時に、お母さんのご両親と一緒に住んでいたということですか。

秋辺　そうです。

――住んでいたところが、色丹島の斜古丹村ということですか。

秋辺　そうです。

秋辺さんの祖父が密猟監視員をしていたという話は、すでに第四回にご本人が行なった意見陳述の中で触れていた。その祖父が千島列島をどのように転々として暮らしていたのかを、房川弁護士は尋ねた。

秋辺　母がよく話していたのは、千島列島島々二四の島は行かない所は一つもなかった、すべての島を回ったということです。祖父母、秋辺福治、サヨが密漁監視員として農林省から雇われて、一年ないし二年の任期で島に居住をして密漁監視員をしていて、それは誰か事故にあって残任の間雇われることもあるし、あるいは雇われることにありつけないこともあったそうです。

そういう場合は、海苔の仕事をしていたそうです。海苔というのは、今と違って千島で採る海苔は、畳半畳分くらいの大きさであったそうで、それが一メートルも二メートルもうずたかく積むくらいたくさん採れて、それを根室あたりの海産商が前金で札束を積んで、今年採れた海苔をすべて売ってほしいというような、大変金になるところだったと聞いていて、とても印象深い話でした。

海苔の仕事というのもお金になったし、それから千島の密漁監視員というのは、年に二度ほど農林省の補給船が島に補給物資を持ってきて、銃、弾薬、食料、そして給料も運んでくるんだそうです。もちろん島は無人島でありますから、北千島は日本政府が千島アイヌをすべて強制移住、色丹島へ強制移住させましたので、島は無人になっていたために、ラッコ、それからキツネ、テンなどの世界的に高く売れる高級な毛皮を密漁しに来る人を監視するために、監視小屋を立ててそこにアイヌの家族を住まわせて監視させたそうです。

「樺太・千島交換条約」（一八七五年）で千島列島は全島が日本領土になった。しかし、北千島のアイヌたちは無理に条件の悪い色丹島へ強制移住させられ、やがて不幸な結末を迎える。一方、人が住まなくなった北千島の島々には高級毛皮の原料となるラッコやキツネ、テンなどを密漁する人間が跋扈《ばっこ》した。これを監視するには狩猟民族のアイヌが適任であり、しかし、その人材は北海道に求めるしかなかったという。尋問に答える秋辺さんは、斜古丹での一家の生活を裏づける写真に説明を加えたり、一年ないし二年の任務を終えて祖父母が大金を抱えて釧路駅に降り立った時のエピソードなどを詳しく話した。

ただし、いずれも母から聞いた話であって、公的に証明する資料がないのが弱点だ。房川弁護士から「祖父が監視員をしていた時に、秋辺さんの母が祖母と一緒に斜古丹村にずっと住んでいたわけですね」と確認を求められ、秋辺さんは「いずれ資料を探したい」と答えるにとどまっている。被告側の佐久間健吉代理人と裁判長からは、祖父が具体的に何年から何年まで千島で密漁監視員や漁業をしていたのかが問われ、秋辺さんは二〇代から五〇代（戦前）までと答えた。先の敗戦で日本が千島を失うまで、秋辺さんの祖父は密漁監視員をしていたのだという。けっして明治の話ではない、この現代にこんな暮らしをしていた一家もあったのである。アイヌ史を彩る、知られざる秘話である。そして敗戦で、千島アイヌは全員が色丹島から散り散りに去った。残された共有財産の返還を、秋辺さんのような境遇の人が求めてはいけないのだろうか。それなら、誰が申請できると言うのだろう。今、千島アイヌを名乗る人は一人もいない、というのに。

「返還しない」処分を不服とする三人の主張に対しては、被告側から反論が加えられている。第一〇回に原告側から出された準備書面（三人はこの内容に即して以後の尋問に答えた）に対応して、被告側が第一一回に提出した準備書面の中で展開されたものである。その骨子はこれまでと同じく、現行法の枠内での解釈に徹するものであり、「原告らの見解は独自のもの」（鹿田さんに対する反論）、「客観的資料がない。裏づけがない」（豊川さんと秋辺さんに対する反論）といったものである。結局は、手続き規定に沿わないものには耳を貸すすべもないという姿勢である。最近の言葉でいえば、まさに「手続き民主主義」そのものであり、官僚とその代理人には「手続き」以前の物事の本質に目を向けようとする感性がもともと欠けているようである。

ウタリ協会の変化

この共有財産訴訟に北海道ウタリ協会が消極的な姿勢だったことは、第一部で紹介した。「過去のことを問題にするよりも、将来に向かった議論をするべき時である」という見解を発表し、訴訟とは距離を置くことを公表していた。要するに、アイヌ文化振興法の成立を認めてしまった以上、その法律に基づく共有財産の処分も認めざるをえない、という見方だったのだ。ところが、この姿勢に大きな変化が現われた。第一二回口頭弁論を同協会の理事長が傍聴したのである。この変化には、同協会の〝政変〟がからんでいる。

政変の発端は、自民党代議士の暴言だった。〇一年七月三日、平沼赳夫経済産業相（当時）とあの鈴木宗男代議士が、まるで示し合わせたかのように同じ日に別の場所で「単一民族国家発言」をした。鈴木代議士は東京都内で行なった講演で「私は（日本は）一民族一国家といっていいと思う。北海道にはアイヌ民族というのがおりまして、嫌がる人もおりますけれど、今はまったく同化されている」と発言し、平沼経済産業相も札幌市内のホテルで開いた自民党議員のセミナーで「日本は単一民族」と発言した。

中曽根失言であれほど社会問題化したというのに、その後も保守政治家や官僚、経済界の要人らの同種発言が後を絶たない。とりわけ政府・与党の要職にある人物の暴言は悪質であり、容認できるものではない。しかも、鈴木議員は北海道出身、平沼大臣の発言場所は札幌市内である。「アイヌ民族の誇りを尊重する」と謳ったアイヌ文化振興法ができて丸四年。この法律の趣旨が浸透せず、いかに軽視されているかが、図らずも露呈した事件だった。

ところが、この暴言に北海道ウタリ協会の取り組みは生ぬるかった。当時の笹村二朗理事長は鈴木議員から電話で「差別する意図はまったくない」との説明を受け、了承してしまったのだ。ちなみに笹村理事長は地元帯広で鈴木代議士の後援会長をしていた。これで問題の決着を図られてはとんでもない、とこれには一部の理事たちが強く反発、八月六日に理事会を開き、笹村理事長、二人の副理事長、道から派遣されていた常務理事の計四人を緊急動議で解任してしまった。真夏の政変劇である。

口頭弁論の傍聴に姿を現わしたのは、新理事長となった秋田春蔵さんだった。この日以来、秋田さんの傍聴は二審に入っても毎回続いている。第一二回の弁論後の集会で秋田さんは、「もっと早くウタリ協会が総力を挙げて支援すべきだった。こんなに多くの人がやっていたのに、何やっていたんだと痛感します。これから一所懸命やりますので、よろしくお願いいたします」(支援する会「ニュース」第一九号)と挨拶し、拍手を浴びた。

「ウタリ協会が総力を挙げて」と理事長が語った意味は大きい。さらに、翌年、私が取材した際には「最高裁まで支援する」とも明言している。しかし、協会として総会なり理事会で正式に支援を決めたわけではない。秋田新体制の副理事長の一人には、裁判原告の一人・秋辺得平さんも選ばれた。理事長が支援を決め、副理事長が原告に入っているとなれば、秋田さんの言葉通りに組織の総力を挙げてバックアップしてもおかしくない。具体的には、総会か理事会で決議し、資金援助をすることだと思うのだが、この点について秋田さんは「協会も金不足で」と口を濁している。「総力を挙げて」の支援の中身が今、問われていると言えよう。

❀「トンビにやられたネズミより悪い」

三人の尋問が終わり、いよいよ結審を迎えた。第一三回口頭弁論（〇一年一〇月九日）に原告側は、これまでの主張を総括する準備書面と、秋辺得平、小川隆吉原告団長、村松弘康弁護団長の三人の意見書を提出した。報道陣も多数かけつけ、熱気が高まった。ところが開廷直後、中西茂裁判長はいきなり結審の延期を告げた。準備書面が事前に提出されず見ることができなかったのでという理由で、一〇月二三日にもう一回、法廷を開くというのだ。

第一三回では、意見書を出した三人が口頭でも陳述をした。

先の〝政変〟で北海道ウタリ協会の副理事長に選任された秋辺さんは、副理事長として参加した「反人種主義・差別撤廃世界会議」（南アフリカ・ダーバンで開催）の様子を紹介し、「国も道も、アイヌ民族施策をしっかりと行なわなければ、国際社会からもその責任を問われることになるでしょう」と述べ、共有財産問題へのきちんとした対応を訴えた。さらに、協会が作成した資料を提出し、八三年に協会が打ち出した「政府と道は、全千島における先住者であるアイヌ民族の地位を再確認すること、北海道についても先住者がアイヌだったという厳然たる歴史事実を明確にすること」という基本方針を説明した。

小川さんは、最近アイヌの仲間が餓死したり家庭崩壊に追い込まれた実例を紹介し、「アイヌ自身の自覚と努力が必要なのは当然としても、その根本は日本の政治、社会の問題である」と訴えた。さらにアイヌ民族蔑視の同化政策を批判し、対雁に強制移住させられた樺太アイヌの共有財産の歴史的解明を求めた。そして、「一二回の口頭弁論を行なってきましたが、貴裁判長が財産の管理経過の審理に踏み込まない訴訟指揮によって、金額等が正当なものかどうか明らかにならないまま結審することに納得がいきません」と一審の審理のあり方も槍玉にあげた。

村松弁護士は、共有財産制度が差別の象徴であり、憲法と国際人権法に違反していることを改めて強調し、審理不尽であることを責めた。その上で、「被告北海道は、訴訟要件という訴訟の入り口でアイヌ民族の正当なかつ、歴史的な要求を封じようとしている。仮に被告北海道の無責任かつ理不尽な要求が裁判所で通ることになれば、共有財産および指定外財産の管理の経過は明らかにされることはなく、被告北海道によるずさんな財産管理も永久に『封印』されてしまうことになる。……管理責任を歴史の闇に葬り去ろうとする被告北海道の隠蔽行為は、歴史的不正義であり、決して容認してはならない。……裁判所には、共有財産の管理の実態についての十分な理解を前提とした国際的な人権回復の動向に反することのない、かつ、日本政府の差別政策をここで歴史的に清算させる勇気のある判決を心から期待する」と結んだ。

小川さんも村松さんも、審理が十分に尽くされなかったことを問題としている。つまりは、これまで一二回を重ねた口頭弁論のあり方に大いに不満なのだ。最後の意見陳述はまちがいなく裁判批判となった。それはまた、訴訟指揮を執る裁判長への批判にほかならない。裁かれる者が、裁かれる前に、裁く者を批判する。訴えの中身は「演説」となり、悲痛な叫びとも聞こえる。この訴えは原告に不利に働かないだろうか。それとも、原告らの必死の叫びは、裁判官らの心に届いてくれただろうか。

第一四回（〇一年一〇月二三日）は、結審を宣言し、判決日時を〇二年一月三一日午後一時一五分からと指定するだけで終わった。わずか数十秒の儀式だ。ところが、その後、判決日が一方的に延期され、三月七日午前一一時からとなった。結審日が一転、二転し、今度は判決日も延びた。私のように道外にいる者には、新聞などの報道を見ていてもこの間の動きがまったくわからない。アイヌの人に聞いても、「さあ」と首を捻るばかりだった。ただし、そうした一連の流れを通じて、裁判がもたついているなという印象を持ったのも事実だ。

判決日の三月七日、札幌は朝から小雪がちらついた。提訴の九九年晩秋から二年半が経ち、三度目の冬だった。九〇席の傍聴席は満員となった。緊張感が漂う中、中西茂裁判長が判決主文を言い渡す。

「原告らの……」

負けた。「原告」が先に出てきたら原告の負け、「被告」が先なら被告の負けという、慣習的なパターンがある。主文は「原告」から始まっていた。

1　判決主文　原告らの請求のうち、被告が平成一一年四月二日付けでした別紙一第一項記載の返還するとの決定に係る各請求については、訴えをいずれも却下する。
2　原告らのその余の請求をいずれも棄却する。
3　訴訟費用は、原告らの負担とする。

全面敗訴だった。主文だけ朗読し終えると、三人の裁判官はさっと姿を消した。この間、わずか三〇秒足らず。傍聴席から「ひどい」「不当だ」「恥を知れ」と怒声が飛んだ。被告席では道の職員や代理人が笑みを浮かべている。

判決理由を見ておこう。「指定財産」の返還手続きについては、①本来返還対象となるべき財産が公告されずに不利益を受けているとの原告主張について、②貨幣価値の変動を考慮していないとの主張について、③返還手続きの策定に原告らが参加する権利が侵害されているとの主張について——の三つの側面に考察を加え、いずれも原告の主張を退けている。また、「指定外財産」の返還請求資格を審査で否定された三人についても、各人の審査結果に「不合理な点は認められず」と退けた。「指定財産」に関する三点は、要約すると次のような内容だ。

①〔公告されなかった財産がある可能性〕　被告が公告をせず、原告らが返還請求の対象としなかった財産の帰属については、本件返還決定は何の判断もしておらず、それら財産に何の法律上の効果も与えない。仮にそうした財産があったとしても、その財産が原告に返還されないこ

とになったのではない。判決によって本件返還決定の無効を確認し取り消したとしても、判決の効果として、それら財産をも取り込んだ返還手続きを被告に行なわせることはできない。結局、原告らが主張する不利益は、無効確認または取り消しで回復することはできず、原告に回復すべき法律上の利益があるとは認められない。

②〔貨幣価値の変動への考慮〕 本件返還決定は、被告が財産、金額を具体的に示した公告に対して、原告らが返還の請求をした財産、金額のとおり返還する旨の決定をしたものである。この決定で原告らが不利益を受けるとは考えられない。本件決定の無効、取り消しをしても、原告らが請求した以上の金額の返還が行なわれることはない。貨幣価値の変動が考慮されていないとしても、原告らに回復すべき法律上の利益があるとは認められない。

③〔返還手続きへのアイヌの参加〕 本件返還決定は、原告らの請求をすべて認めたものである。仮に手続きをやり直したとしても、本件決定以上に原告らに有利な処分が行なわれることはなく、まったく同一の処分を再度行なうことになる。原告らの手続き上の権利が侵害されたという理由で手続きをやり直す必要性は認められない。無効を確認し、または決定を取り消す法律上の利益があるとは認められない。

①は、もし公告漏れの財産があったとしても、本件の返還決定はそれには何の判断もしていないので、原告に返さなくなるわけでもないし、やり直してもそうした財産を取り込んだ手続きをさせることにはならない、という判断だ。本当にそうだろうか。公告漏れの財産が具体的にいくつも見

つかった場合に、公告に至るまでの調査自体のずさんさが大問題になり、手続きを根本的にやり直すことはありえないのだろうか。いい加減な調査、いい加減な手続きであることが証明されても、ひとたび公告し、手続きに入ってしまえば、流れを覆すことは不可能なのか。これでは行政府のやることに異議申し立てができなくなってしまう。手続きの部分的正当性に着目した、視野狭窄的な判断である。

②は、原告の請求通りの決定をしているのであり、それ以上の返還はありえない、という内容だ。貨幣価値の変動を考慮しなくてもよい理由は、まったく述べていない。あくまでもアイヌ文化振興法第三条附則の定めに則り、その枠内だけで解釈を試みる石頭の権化のような理屈である。

③も、原告らの請求通りに認めた決定なのだから、アイヌを入れて手続きの策定をし直しても今以上の処分はありえない、と断言するものだ。一方的に一年間に区切り、しかも請求者のみに返還するというやり方を、はたしてアイヌ自らが手続きを策定しても採用するだろうか。もっと民主的で賢い方法が、きっと考えられたはずだ。

このように判決理由はいずれも、アイヌ文化振興法第三条附則にもとづく手続きを金科玉条の大前提とした上で、「原告の有利な決定であり、訴えの利益はない」という結論を導くものだった。小手先の法令解釈に徹しており、その理屈はすべて、道庁側の言い分をそのままなぞったに過ぎない。そこには、血の通った行政を実現させようとする意思は、微塵も感じられない。聞く耳をもつようなポーズをとりながら裏切った分、被告以上にタチが悪いかもしれない。

こうして原告側は、懸念していた門前払いを食わされたのだった。閉廷後の集会で、ある原告からこんな声が聞かれた。「ちょっと横向いたら、もう閉廷ですからね。トンビにやられたネズミより悪い」。まことにそのとおりの、第一審フィナーレだったかもしれない。

原告団、弁護団、支援する会はただちに、判決の不当性をアピールする声明文を発表し、控訴する方針を明らかにした。しかし、実際に札幌高裁に控訴したのは、翌二〇〇二年三月二二日となった。控訴理由書の提出期限はそれから五〇日以内だったが間に合わず、高裁に延期を申し入れて六月末の提出となった。それほど、原告側の受けた傷は深かった。

第三部　扉をこじ開けた

二〇〇二年八月六日、第二審が札幌高裁で始まった。二四人いた原告は一九人に減っていた。原告から降りた五人の理由は定かでないが、おおよその事情は察しがつく。原告に残った青木悦子さんはこう語る。

「アイヌはみんな貧乏なんですよ。控訴審の原告を続けていくのに、一人一万五〇〇〇円が必要だった。これは私にとっても大きい額でしたが、幸い私はペウレ・ウタリの会が出してくれました。そのお金が払えなくてもおかしくないし、勝っても返ってくるお金はわずかです。でもね、裁判で闘っている権利は、たった一九人や二四人のものじゃないんです。アイヌ全員に権利があるはずです」

原告の中に一人、亡くなった人がいる。一審の第四回口頭弁論で、旭川の共有財産について話した杉村満さんで、前年の暮れに亡くなった。その遺志は親族らが引き継いで原告に参加している。こうした変化はあったが、原告団は態勢を立て直し、決意を新たにして二審に臨んだ。

ペウタンケの叫び

八月六日の札幌。早朝には夏の陽射しが差し込んでいたが、やがて重苦しい雲が垂れ込めた。高裁は地裁との合同庁舎内にあるので、建物は一審と変わらない。原告（注・法律用語では二審の原告を「控訴人」、被告を「被控訴人」と言うが、紛らわしいので、本書では一審と同じ「原告」「被告」という表現で通す）らは開廷の午前一〇時前に次々と集まり、一回のロビーで民族衣装をまとい、やがて報道陣のリクエストで全員が外に出て、裁判所に入るシーンを撮影した。私も、月刊誌の取材にかこつけて札幌入りし、この日の第一回口頭弁論を傍聴した。

「今度は負けられない」という原告らの思いが、廷内に緊張感を生む。裁判官は、坂本慶一裁判長と、甲斐哲彦、石井浩の陪席二人（両陪席は第五回から、北澤晶、石橋俊一に代わった）。裁判長が原告、被告の双方が提出してある書類の確認を終えてから原告団長の小川隆吉さんが陳述に立った。「控訴審の、冒頭に、あたりまして、……」と、陳述書の文面を一語一語確かめるようにゆっくりと読む。

「（一審の敗訴以来）よく眠ることのできない夜をすごしてまいりました。一人目をつむると、腹立たしさ、悔しさが頭を持ち上げて参ります。また、アイヌの先祖たちに対して、このままでは本当に申し訳ないという気持も起こってきました」

率直な心情の吐露だ。こうした悔しさだけでなく、原告として集まった者には、共有財産の侮蔑的な返し方への怒りもあった。その思いを、小川さんはこう表現した。

「今ここで沈黙していたら、アイヌ民族の誇りを投げ捨てることになります。私もほかの原告も、この裁判はペウタンケの叫びなんだと思っています」

民族の誇りをかけた「ペウタンケの叫び」であるというのだ。「ペウタンケ」とは、危急の折に危害を加える敵に、霊の力で対抗するためにあげる叫び声のこと。自分たちの正しさをカムイ（神）

に訴えようと全身全霊からの叫び声を上げ、悪魔払いをするのである。歴史的には、一七八九年(寛政元年)、道東で起こった「クナシリ・メナシの蜂起」時のペウタンケが有名である。

この蜂起は、クナシリ場所の交易を一手に仕切っていた商人・飛騨屋の、アイヌを人間扱いしない過酷な収奪にクナシリとメナシのアイヌ一三〇人が蜂起したもので、アイヌは駆けつけた松前藩の鎮撫隊の説得で武器を捨てた。ところが、鎮撫隊は首謀者ら三七人に死刑を言い渡し、根室のノッカマップの浜で次々と処刑しだす。その最中に、浜に急造した牢内のアイヌたちが鐘やドラ、太鼓などを打ち鳴らし、ペウタンケを始めた。これに驚いた鎮撫隊は牢内に鉄砲を打ち込み、槍や刀で皆殺しをしてしまった。アイヌ民族の大がかりな蜂起はこれが最後となり、これを機に、アイヌは幕藩体制の支配下に強力に組み込まれていった。そして、差別と収奪の歴史は明治維新後も引き継がれたのである。

アイヌの人たちは、「ペウタンケ」という言葉を耳にしたとき、まっさきにクナシリ・メナシの悲劇を思い浮かべることだろう。横暴な場所商人の収奪に正当な抗議をした方が、容赦なく処分される理不尽――。法廷でこの言葉をあえて口にした小川さんも、ノッカマップの浜で非業の死を余儀なくされた先人らを思い、その姿に原告団を重ね合わせていたことだろう。そうすることで二審にかける並々ならぬ決意を表明したのではないか。それほどに重い意味が、この言葉にはあった。

小川さんに次いで、村松弘康弁護団長が意見陳述に立ち、「実体審理に入り、歴史の封印を解こうとすることを認めてほしい」と訴えた。今度こそ、「訴えの利益」論の壁をぶち破り、何がなんでも実体審理入りさせるのだという意気込みの溢れる決意表明だ。村松さんは閉廷後の集会で、実体審理入りの意味を次のように解説している。

「『訴えの利益』論は日本の最も高い壁になっており、司法制度審議会で、行政裁判のあり方が検討されています。……国民が行政を訴えるとき、三～五％しか勝てない。『敗訴者負担』もあり、訴える者がいなくなる。相手方の弁護士費用を、こちらが負担させられてしまう。そういうとんでもない法律が準備されている。大事な問題です。大きな企業を訴えたり、パイオニアワークの裁判が非常に難しくなる。厚い壁をどう越えていくかということになる」（支援する会「ニュース」第二五号）

この壁をここで破ることが、パイオニアとして新たな地平を切り開くことにもつながるのだ。もしそれが挫折すれば、司法の将来はますます暗くなってしまう。一審同様、二審の法廷戦略の大きな柱は、とにもかくにも実体審理入りの実現なのである。

❀新たな論理を組み立てる

一審の判決内容に対する是非はおくとして、原告が負けたのは事実だ。原告団としては、一審の主張をそのままなぞるのでは見通しが暗い。より説得力の強い論理を考えなければならない。そこで知恵を絞って第一回口頭弁論に提出した原告側準備書面には、さまざまな新工夫が凝らされている。一審判決で門前払いされた最大理由・「訴えの利益」の壁を、どう突破しようとしているのか。まずは、そこから見てみよう。

一審判決では、被告の共有財産返還決定は原告らの請求通りに認めたものだから、「原告らにとって有利な行政処分」であると判定している。しかし原告らは、これはけっして「有利な行政処分」でないと主張し、根拠を三つ挙げる。①アイヌが先住民族であることや旧土法が廃止されるに至った経緯を配慮しない返還手続きは、アイヌ民族の先住権、人権、条約上の権利を侵害している。②返還に先行する公告内容は、被告が認識したものに限られる。公告の仕方次第で範囲が決定されてしまい、漏れがある可能性がある。③アイヌ文化振興法附則第三条二項は、旧土法における不当な財産管理を清算すべく設けられた条項であり、複数回にわたる返還を予定していない。返還対象から外れた財産を返還請求する手段はない。——以上であり、それゆえに「有利な行政処分」ではなく、「訴えの利益」があるというのだ。

次に、一審判決では、仮にこの返還処分が取り消されてもまた同様の処分がなされるだけと断じたが、これは「行政事件訴訟の取り消し判決の拘束力について理解をまったく欠くもの」と批判している。「取り消し判決の拘束力」とは、行政処分を違法とする判決が出た場合に、その判決趣旨と矛盾する処分等について適切な措置をとらせることだ。同一処分を繰り返してならないのは当然だが、アイヌ民族の権利への配慮、公告から漏れた財産の対象化、貨幣価値の変動への考慮、手続き策定へのアイヌの参加などを盛り込んで返還をやり直せば、従前と同一の処分が繰り返されることはない、と主張する。

ここまでは一審の論戦の延長線上にある論点だが、さらに原告は『条約法条約』違反」と「違法性の承継」という新たな考えを強く打ち出した。これらと、一審で出した見方をより強めた「先住民族問題としての視点」を合わせた三つが、二審を貫く原告側主張の大きな柱と言ってよい。これらは口頭弁論の中で意見書の提出や証人尋問の形をとって具体的に展開されるので、ここでは新たな二つについてかんたんに紹介しておく。

『条約法条約』違反」は、次のような趣旨である。少数先住民族は先住権に関する限り独自の法人格をもつ国際法の主体となる。日本は条約に関するウィーン条約（いわゆる「条約法条約」）を批准しており、第二七条では「当事国は条約の不履行を正当化する根拠として、自国の国内法を援用することができない」と定めている。国際法上はアイヌも独自の法人格をもち、先住権に関する問題では日本政府と対等な立場に立つわけである。先住権の尊重という国際義務を免れるために、日本政府が国内法をアイヌに援用するようなことは許されない、という理屈だ。原告は、共有財産の「共有」についても、民法上の「共有」よりも、個人の所有権に分割できない「総有《そうゆう》」ないし「合有《ごうゆう》」に近いものなので、「共有物の分割」に近い返還方法ではなく、総有的な性質を尊重した返し方をすべきだ、と主張している。

もう一つの「違法性の承継」には面白いエピソードがある。一審の弁護団は総勢七人の弁護士で成り立っていたが、二審ではこれに二人が加わり九人になっている。その新加入の一人が、一年前に弁護士になったばかりの佐藤昭彦弁護士だ。佐藤さんは行政法を専門に勉強してきており、「違法性の承継」には佐藤さんの勉強の成果がヒントになっている。それに、房川樹芳弁護士の二風谷ダム裁判の経験も重ね合わせて、論理の組み立てを行なったというのだ。二人が話しているうちにこの理屈がひらめいたという。ベテランと新人が共同してのほほえましい話だ。

内容はこうだ。旧土法による共有財産の管理は現憲法下はもちろん明治憲法下にあっても違憲なものであり、返還について別の法律を策定しても、その違憲性・違法性は承継される——。元が違法なものであれば、手続きだけ整えても、引き続き違法な状態が続くというわけである。被告側が返還手続きだけに絞って、法で定められた手続き通りに返還がきちんとなされようとしたのだから問題がないと主張しているのに対し、部分的に限定して見るのではなく、一連の流れの全体を見るべきだという主張である。

原告側の控訴理由をまとめたこの準備書面は六月二八日付で札幌高裁に提出され、それに対する被告側の答弁書が八月二日付で提出されている。さて、被告側はどんな反論を展開しているのか。一審の主張とほとんど変わらないので、要点を個条書きにしておく。

① 原告の返還請求どおりに決定したのだから、権利を侵害するものではない。

② 原告は道知事が管理する以外にも返還すべき財産があることを前提としているようだが、被告は返還手続きにあたり被告が管理していた共有財産のすべてを公告したのだから、それ以外に返還対象の財産はなく、権利を侵害していない。

③　原告は自ら返還請求をしていながら、その法律効果である返還決定を否定すべきであるといっており、明らかな自己矛盾の主張である。

④　①で見たように、本件返還決定は申請を認容した処分なので、仮に取り消し事由があるとしても「手続き」の違法にとどまると解される。その場合、判決の拘束力として、被告は改めて適正手続きをとり処分し直さなければならないが、内容的には同一の処分になるだろう。原告らの請求を上回る処分が行なわれることはない。

⑤　現行法上、物の返還処分に係る返還額の決定にあたり、貨幣価値の変動を考慮すべき一般規定はなく、アイヌ新法附則第三条は補償的要素を含めた制度として設計されていない。設計は立法政策の問題であり、法律上の争訟にはなじまない。

⑥　原告らの主張する違憲、国際人権規約B規約違反等が、どう具体的に原告の権利利益に結びついているか不明で、抽象的に法令の解釈、適用を争うことになる。

⑦　取り消し訴訟における立証責任は、国民の自由を制限し義務を課する行政処分の取り消しを求める場合は行政庁が、国民側から自己の権利・利益の領域を拡張するよう国に求める場合は国民が、それぞれ負うのが基本。本件「返還しない」決定（注・秋辺さんら三人に対する決定）は受益処分の拒否処分の取り消しを求めるのだから、原告側に立証責任があると解される。

⑧　返還方法は、「共有物の分割」に近い方法ではなく、共有財産のまま返還するものである。

⑨　原告は「違法性の承継」を主張するが、旧土法は困窮に瀕していたアイヌの生活安定のため

に制定されたものであり、違憲とは言えないから、原告の主張は前提を欠く。

あきれるほどに、狭量な手続き論に終始している。一審で勝ったことに奢っているのか、そこから一歩も出てこない。狭い枠内だけで重箱の隅をつつく法解釈にここまで徹しきれている点では、お見事かもしれない。ただし、いかにも官僚的で、味も素っ気もない。それどころか、ぬくもりある人間性に欠けている。

原告側は、二審では学者・研究者らの専門的知見も積極的に取り込み、自分たちの主張を学問的かつ実証的に裏づけていこうとした。一審のアイヌ原告自身による生身の訴えを、今度は理論的にも補強してゆこうという作戦である。対する被告側は、原告側の証人尋問について「必要なし」と横ヤリを入れるばかりで、理論面で新たな主張を打ち出してくることはなかった。この後は、先ほど紹介した原告側主張の三本柱を中心に、法廷の動きを追うことにする。

アイヌを国際法主体として認める

学者の知見は早速、第二回口頭弁論（〇二年一〇月八日）に意見書として原告側から提出された。札幌学院大学法学部の松本祥志教授の「アイヌ民族共有財産と先住権」である。三本柱の「『条約法条約』違反」と「先住民族問題」にかかわる内容であり、アイヌの先住性に関しては国際法上、アイヌと国は対等な立場に立つので国内法の規定を押しつけることができないことを、明らかにするものである。以下、意見書に即して内容を紹介する。

松本さんはまず、一九九七年五月、アイヌ文化振興法案が国会で可決される時になされた付帯決議に着目する。決議は、アイヌ民族の先住性を歴史的事実として再確認するという趣旨のものだった。二風谷ダム事件の札幌地裁判決（一九九七年三月二七日）で正式に認められたアイヌの先住性を再び確認したものと言える。つまり、国として、アイヌ民族という「他の国際法主体」に対する意思表示と位置づけをしたのが、この決議だったというのである。

従来、「国際法主体」は国家だけとされていたが、一九四八年に国連の停戦交渉官がイスラエルで殺害された事件で、国連から勧告的意見を求められた国際司法裁判所は翌年、「（国際法主体とは）国際的な権利または義務を有し、かつ国際請求によって主張する能力をもつもの」との見解を出している。また、第二次大戦時のナチス・ドイツによる人種差別政策への反省から個人の人権を守る国際人権法が誕生し、植民地からの独立闘争は人民を国際法主体にし、国際的な自由貿易の飛躍的発展は個人の国際的役割を拡大し、「投資紛争解決条約」などを生んだ。さらに、インターネットの発達、国際NGOの活躍などもあり、今では人民や個人も国際法主体になりうると考えられている。

アイヌのような先住民族は、人民の下位概念として「経済的、社会的および文化的権利に関する国際規約」（A規約）と「市民的および政治的権利に関する国際規約」（B規約）の共通第一条（以下、

「国際人権規約共通第一条」）における「人民自決権」という国際的な権利をもっている（注・日本は両規約を一九七九年に批准）。

つまり、アイヌは「人民自決権」を有する「国際法主体」であり、その国際法主体のアイヌに対して日本の国会と裁判所は先住性を歴史的事実として認めた、というわけである。そして松本さんは、二風谷ダム事件判決が共有財産問題にどんな意義を与えているのかを、問い直す。

この判決が出された当時、日本の制定法にも判例にも先住民族という概念はなかった。だから、この判決における先住民族概念は国際法上の概念であり、そのことは判決文中の次のくだりからも読み取れる。

「少数民族が一地域に多数民族の支配が及ぶ以前から居住して文化を有し、多数民族の支配が及んだ後も、民族固有の文化を保持しているとき、このような少数民族の固有文化については、多数民族の支配する地域におけるその支配を了承して居住するに至った少数民族の場合以上に配慮を要する。このことは国際的に、先住民族に対し、土地、資源および政治等についての自決権であるいわゆる先住権まで認めるか否かはともかく、先住民族の文化、生活様式、伝統的儀式、慣習等を尊重すべきであるとする考え方や動きが強まっていることからも明らかである」

これは、「先住民族」の権利はB規約で定める「少数民族」の権利以上に配慮を要すると判示したものである。「先住民族」たるアイヌの権利の重要性に言及したものであり、松本さんはこの判決の意義はまさに国際法上の先住権を適用した点にあるというのだ。

では、国際法上の先住権とはどのようなものなのか。国際法には、一般国際法と特別国際法があり、適用主体と対象範囲が異なる。条約のように締約国などにしか適用されないものが特別国際法である。先住権の規定はこのどちらにもある。

特別国際法で先住権を定めたものには、国際人権規約共通第一条がある。そこでは、すべての人民は自決権にもとづき、「その経済的、社会的および文化的発展を自由に追求する」(一項)、「自己のためにその天然の富および資源を自由に処分することができる。人民は、いかなる場合にも、その生存のための手段を奪われることはない」(二項)、「締約国は、……自決の権利が実現することを促進し、および自決の権利を尊重する」(三項)と規定されている。「人民」とは非近代的(前近代的、脱近代的)な共同体を指すと考えられ、固有の共同性を尊重し、経済的発展を共同で追求してきたアイヌもこれに該当する。

したがって、アイヌに対しても右の人権規約が適用されなければならない。つまり、共有財産の処分についても、「自由に追求」できることになる。そうであれば、アイヌ文化振興法附則第三条にもとづく道知事の公告は、アイヌ民族個人に申請を求めた点で同規約第一条一項に違反する。また、共有財産訴訟の第一審判決は、日本国の国内法に過ぎない行政法上の「訴えの利益」概念によって、国際法主体としてのアイヌ民族が共有財産の「発展を自由に追求する」「天然の富および資源を自由に処分する」ことを妨げた点で、同条項に違反している。

一般国際法上の先住権とは、国際法主体としての先住民の基本的権利である。一般国際法はその法源が条約と国際慣習法の二つあるので、一般国際法上の先住権の中身を知るにはそれらに回答が求められなければならない。

条約では、先住権を具体的に定義したものは一つしかない。国際労働機関（ＩＬＯ）総会が一九八九年に採択した「独立国における先住民および種族民に関する条約（第一六九号）」（「ＩＬＯ先住権条約」）である。日本はこの条約を批准していないが、批准の有無にかかわらず、この条約の定義が既存する実定一般国際法の唯一の根源とされる。

ＩＬＯ先住権条約の先住権には、土地または地域に対する権利が含まれている。先住民と土地との集団的関係が、その文化と精神的価値に特別な重要性をもつからである。そして、先住民が伝統的に占有する土地に対する占有権と所有権を承認し、政府がその有効な保護に必要な措置をとるべきことを定めている（第一四条）。また、その土地に属する天然資源については、資源に対する「かれらの権利は特別に擁護される」こと、資源の利用、運用および保存に「これらの人民の参加を含む」こと、国がこれら資源についての権利を保有する場合に探査・開発に着手する前に協議手続きを確立し、当該人民は開発活動の利益にあずかり、損害を受けたら補償を受けることなどを定めている（第一五条）。土地の移転についても協議の必要性を定めている（第一七条）。

こうした規定を総合して、松本さんは「先住民族の土地および資源を処分する際の協議の必要が導出される」と結論づける。しかも、この協議は「パートナーとして対等平等な立場で話し合うことを意味している」という。

ところが、かつて国際慣習法には「無主地先占《むしゅちせんせん》」（注・国家が無主の土地を領有する意思で他に先んじて占有すること）という法理があり、この法理は前提として先住権を否定していた。つまり、植民地の宗主国に限らずその他の国でも、「発見」や「実効的支配」により、住民が生活している土地を「無主地」として「先占」（人より先に占有できること）できると主張されてきた。しかし、「先住民族の権利に対する理解と関心の深まりは、この法理の見直しおよび転換を余儀なくしてきた」という。

たとえば、一九七五年に国際司法裁判所が「西サハラ事件」について出した勧告的意見がその一つだ。「西サハラはスペインによる植民地化の時点において誰にも属さない地域だったか」という国連総会の質問に対して、同裁判所は「かかる地域の場合における主権取得が一般に原始的権原による無主地の『先占』によって一方的に達成されるとみなしていたのではなく、むしろ現地支配者との間で締結される協定によって達成されるとみなしていたことを示している」と回答している。つまり、社会的および政治的組織をもつ部族や人民が住む地域を「無主地」とは見なしていなかった、というのである。

さらに、カナダとアメリカのイヌイット民族は、一九七三年のコルダー事件、ベレカー・レイク事件の判決で、その狩猟地、放牧地、漁業水域に対する伝統的権原が認められている。また、一九八一年にスウェーデン最高裁は、サミ民族事件判決でスカンジナビア半島北部のトナカイ放牧地にサミ民族の所有権的権利を認めた。一九九二年、オーストラリア高等法院は第二次マボ事件判決で、マレー島民のマボらが主張した慣習法にもとづく土地所有権を認め、住民が生活している土地を「無主地」とする考えを否定した。

こうした具体例を受けて松本さんは、「無主地先占の法理の法的効力が根本的に疑われるようになった今日、先住民族との間で締結された土地の譲渡協定の存在が証明されない限り、当該土地に対する法的権限は当該先住民族にあると断定せざるをえない」と結論づける。明治維新後の日本政府が北海道全土を「無主地」として勝手に決めつけ、道外からの移住民や資本家、天皇家、華族、官僚らに優先的に大盤振る舞いしたことは周知の通りである。

国際法は国内法に優先する

松本さんの意見書は、こうして外堀を手堅く埋め、いよいよ本丸へ入ってゆく。その前に、ここまでの内容をかんたんに整理しておこう。

二風谷ダム事件判決、アイヌ文化振興法成立時の付帯決議は、アイヌの先住性を国として認めたものであった。この先住性をもつ先住民族とは国際法上の概念であり、国家と別の法主体として認められるもので、国家と対等な立場にある。先住民は基本権として自決権をもち、この権利にもとづいて、共同体として経済的、社会的、文化的発展を自由に追求したり、天然資源を自由に処分することが尊重される。また、国が先住民の資源を開発するような場合には先住民との協議が必要となり、損害を与えたら補償をしなくてはならない。かつて横行していた「無主地先占」という法理は今では否定され、先住民族と国との譲渡協定がない限り、当該土地の法的権限は先住民族にある。

ざっとこんなことがわかった。要するに、国際法上は、先住民族のもつ「先住性」「自決権」「土地」「天然資源」などが相当な配慮でもって尊重されなければならないわけである。そのとき、国家と先住民は対等な立場にあり、国家側の勝手な論理の一方的押しつけは許されないのだ。「アメリカ大陸発見」に象徴される、すでに先住する民族を無視した開拓という名の侵略や植民地化による土地の強奪は、そうした蛮行の歴史に対する反省からも、もう許されないというのである。さてそこで、アイヌ民族の国際法上の先住権は日本国内でどう扱われてきたのだろうか。松本意見書は、先住権と国内法の点検に移る。

松本さんは真っ先に、「国内法援用禁止の原則」を掲げる。この原則は「条約法に関するウィーン条約」(「条約法条約」)第二七条で、「当事国は、条約の不履行を正当化する根拠として自国の国内法を援用することができない」と明らかにされている。つまり、国際法主体と認められる個人や人民が国際的権利にもとづいて請求をしている場合には、国が国内法を楯にとってその請求を拒否することができないのである。適用できるのは国際法のみであり、国際法が国内法に優先するのだ。なぜなら、この原則を前提としないと、いかなる国際義務違反行為も国による国内法の恣意的な制定で合法化されてしまうからという。

だが、かつては、国際法は国家間でしか適用されず、国内ではもっぱら国内法が適用されると考える「二元論」が大手を振るっていた。その後、先に見たように、人権思想の発達、国際経済の発展、人的交流の促進、情報化社会の進展などにより、国際法主体が人民や個人のレベルにまで拡大し、それに伴って国際法と国内法との関係も構造的に変化して来た。それが現実の流れなのだが、松本さんは「国際法の構造的変革が、国際法の他の分野における諸理論において必ずしも貫徹されておらず、依然として『国際法主体＝国家』という古典的な公式が前提にされがちなのである」とも指摘している。そして、その悪しき典型が共有財産訴訟の「訴えの利益なし」という一審判決なのだというのである。

松本さんによれば、この判決は「きわめて単純な三段論法の循環である」という。三段論法は、出発点の大前提が正しい限りにおいて妥当しうるものだが、大前提が正しくなければ続く論理がいかに正確であっても、結論は妥当ではなくなる。したがって、大前提が何であるかが重要である。さて、札幌地裁の三段論法の中身は次のとおりという。

・大前提……共有財産の返還方式を定めたアイヌ文化振興法附則第三条は、国が制定したものであるから、国際法や憲法に違反することはありえない。

・従って……原告の主張を認めて本件返還手続きを無効としたり取り消したりしても、原告にとってそれ以上有利になることはありえない。

・結論……本件請求に訴えの利益がない。訴えの利益がないから、原告の主張を審理する必要もない。

問題は大前提である。もし原告の主張するように、アイヌ文化振興法附則第三条とそれにもとづく道の公告が国際法と憲法に違反していたら、結論は異なってくる。改めて共有財産の扱いについて、被告がアイヌ民族との間で協議をしなければならなくなるはずである。松本さんはこう指摘する。

「アイヌ民族が、先住権という国際的権利を行使して共有財産の処分手続きのやり直しを要求しているときに、『訴えの利益』に関する国内法制度のような、アイヌ民族とは異なる国際法主体である日本国の『内規』(＝国内法制度)を一方的に押しつけることは、国際法上許されない。アイヌ民族が適用に同意した国内法制度ないし規則以外は、適用することが許されない。アイヌ民族との協議を回避して国際法上適正な解決をえることはできない」

必要なのは、三段論法の大前提部分の是正である。「国や道であっても違法がありうるところから出発しなければならない」と松本さんは強調する。そして、裁判所の判断は、「アイヌ文化振興法第三条が、アイヌ民族を国際法主体として正当に扱っているか、先住権に関する一般国際法に違反していないか、国際人権規約共通第一条に違反していないかなどの、国際法上の課題に答えることから始められなければならない」という。このような姿勢なくして、「訴えの利益」など国内法上の技術的概念を援用することは、アイヌ民族の存在を否定し、「わたしたちとアイヌの人々との関係を旧土人保護法以前の状態に引き戻すことになりかねない」と指摘する。

しかし、一審判決のように国際法主体としてのアイヌ民族を認めない姿勢を裏返すと、そこには「単一民族イデオロギー」がある。松本さんは、そのイデオロギーからの脱却への不安が一審判決の根本原因かもしれない、と推測する。「先住権に対するアイヌ民族の要求が際限のない土地返還要求に膨張してゆくことについての懸念かもしれない」と考えるからだ。しかし、その心配は否定する。「アイヌ民族が求めているのは、民族としての敬意だ。日本の国家機関は、その場しのぎのような対応に終始し、アイヌ民族を民族として尊重し、アイヌ民族に一つの民族としての敬意を払うことを怠るから、アイヌ民族は別の方法で名誉回復を図らざるをえなくなるのである」という。

松本さんは、意見書の最後をこんな言葉で締めくくっている。

「アイヌ民族の共有財産は、国際法上も国内法上も、道知事の財産でも日本国の財産なのでもなく、アイヌ民族自身の財産であることが忘れられてはならない」

違法性は承継される

原告が用意したもう一つの新たな論理「違法性の承継」は、第三回口頭弁論（〇二年一二月一九日）に提出された準備書面の中で強く打ち出された。これには被告側も、第四回（〇三年二月二七日）直前に準備書面を出し、反論している。ここで「違法性の承継」をめぐる議論の詳細を点検しよう。

原告側が「違法性の承継」を持ち出したのは、一審判決の「判決によって本件返還決定の無効を確認し取り消したとしても、判決の効果として、それら（返還対象とすべきであったのに公告されなかった）財産をも取り込んだ返還手続きを被告に行なわせることはできない。結局、原告らが主張する不利益は、無効確認または取り消しで回復することはできず、原告に回復すべき法律上の利益があるとは認められない」という部分に注目してのことだ。

要するに判決は、原告が無効確認を求めているのは被告の返還決定であり、その前提となる官報公告ではない、だから仮に無効確認の判決が出ても官報公告には影響を及ぼさず、原告に有利な返還手続きが行なわれることもない、と言っているのだ。公告と返還手続きを切り離して考えており、判決の効果はあくまで返還手続きにしか及ばないと捉えているのである。

「違法性の承継」は、この考え方に真っ向から異議を唱えるものだ。その理屈は、複数の行政処分が相結合して行なわれ、全体が一連の手続きとして一定の法律効果を目指す場合、先行行為が違法なときには後続処分もその違法性を承継し違法になる、というものだ。これが認められないと、後続処分自体に取り消し原因がないと、違法な先行行為にもとづく後続処分が取り消され得ない、という不合理を生んでしまう。そこでこうした不合理に対処するため、先行行為の違法を理由に後続行為の取り消しを認めようとするのが、「違法性の承継」理論である。アイヌ共有財産の返還に即した具体的説明は、次のようなものである。

——共有財産の返還手続きは、アイヌ文化振興法の附則第三条により、「官報公告→共有者の返還請求→返還決定」という一連の流れから構成されている。そして、被告はその最初の「官報公告」

を行なうに際して、共有財産の特定義務、財産管理の終了時の計算義務、てん末報告義務を怠り、法令上要求される内容の公告を行なっておらず、違法である。先行する「官報公告」が違法なのだから、それと一連のものとして法律効果を目指す後続の「返還決定」も違法な処分となる。この「違法性の承継」が認められ、後続の処分が取り消されるならば、先行行為の効力は取り消し判決の拘束力によって否定され、行政庁は先行行為を取り消すべき義務が生ずる。

つまりは、官報公告を行なう際には、それまでの管理経過をきちんと把握し、返還対象財産をしっかりと特定し、それらについての計算を正確に行ない、なおかつアイヌの先住民族性に配慮した手続きを行なうべきなのに、それがなされていなかった、だから違法なのだと指摘しているのである。単なる公告の違法というより、実質的には明治以来のずさんな管理のあり方全体を違法と見ているとも言える。

だから、その点が是正されるなら、新たに行なわれる返還手続きでは、旧土法の指定財産のうち適法に管理が終了されたもの以外のすべての財産が公告され、返還されるべき財産の範囲と返還請求の対象が拡大され、アイヌの人権に配慮した手続きが行なわれることになり、原告に有利な処分になるはずだ。よって「訴えの利益」があるのだ、と原告は主張する。

また、返還を求めることができる共有財産は、官報公告されたものに限られるので、官報公告は返還対象となる財産の範囲を確定する効果を有している。さらに返還されなかった財産は指定法人にすべて帰属することになるので、返還手続きの実施は一回限り予定されているに過ぎない。仮に今回の返還決定が取り消されないと、法令上、共有財産の返還手続きは今回以外に予定されていないので、官報公告から漏れた共有財産が返還対象とされる機会は永久に失われる、と原告は見ている。

この原告主張に対して、被告側は次のように反論する。

まず、管理経過をきちんと把握せずに返還手続きを進めたという原告側批判に対しては、「現存する資料の収集を行ない、可能な限りの調査を実施し回答するなど誠意をもって対応した」とこれまでと同じ主張を繰り返す。そして「共有財産」はアイヌ文化振興法附則第三条一項の「この法律施行の際現に……管理する北海道旧土人共有財産」なのだから、その範囲は被告が現に管理するか否かで定まるものだと見る。「現に」というのは、「事実として」くらいの意味しかないというのだ。また、原告の言うように、官報公告によって範囲が確定するものではなく、官報公告は「単に共有財産を返還するため広く一般に知らせるものにすぎない」と見る。

附則の「現に」という文言をめぐっては、一審でも原告、被告双方の見解が大きく食い違っていた。原告側が「現に管理している共有財産のみならず、適法に管理が終了した財産以外の、法律上管理しているべき共有財産すべてを含む」と考えるのに対し、被告側は「アイヌ文化振興法施行時点において事実として管理している共有財産」と捉えているのだ。そして、その範囲の共有財産についてでは調査を尽くしてすべて公告した、と言うのである。そうして、「本件官報公告には返還手続きの対象となる共有財産を限定したり、確定する効果はなく、（被告は）アイヌ新法（＝アイヌ文化振興法）施行の際現に知事が管理している共有財産のすべてを公告したものであるから、仮に控訴人（＝原告）ら主張のとおり本件官報公告をやり直したとしても、新たに返還手続きの対象となる『共有財産』は存在しない」と結論する。

さらに、「違法性の承継」については、「違法性の承継とは、後行処分自体には違法が存しない場合に、先行処分が違法であることを理由として、後行処分の取り消しを求めることができるかの問題である。本件官報公告は、周知目的で行なっているものであり特定個人の具体的な権利に変動を及ぼすものではなく、そもそも行政処分ではないから、いわゆる『違法性の承継』が問題となる場面ではない」と否定。取り消し判決が出ても、その効果は公告には及ばないと見ており、「取り消し判決の拘束力が返還請求を飛び越えて本件官報公告に及ぶとする控訴人（＝原告）らの主張は、論理の飛躍であり失当である」と切り捨てる。

要するに、被告側の主張は一審におけるそれとまったく変わっていない。管理の経緯を調べられるところまでは十分に調べた。そして、とにかく事実として今管理している財産のすべてを適法に公告し、適法に返還しようとしているのだ。それの何が悪いのか、すべて適法だろ、と居直っている感さえある。

「違法性の承継」についても、手続きを一連のものと見ることをしない。そこにこそ、この理論の重要ポイントがあり、原告もそこを強調しているのに、その点はあえて無視し、先行処分と後続処分とを切り離して杓子定規の法律論に終始しようとしている。一連のものと見るからこそ、判決の拘束力が先行行為の是正にまで及ぶのである。さらには、本件公告は「具体的な権利に変動をおよぼすものでなく」「行政処分ではない」と規定しているが、本当にそうだろうか。公告の内容次第で返還される財産の中身も変わるのではないか。手続きを一連のものとして見れば、公告が行政処分か否かは措くとしても、行政処分の一部を構成しているのはまちがいないはずだ。

❀返還手続きの特殊性

第四回口頭弁論（〇三年二月二七日）に原告側から、新潟大学法学部の石崎誠也教授の意見書が提出された。共有財産の返還手続きの特殊性に焦点を当て、原告側に「訴えの利益」があることを立証しようとする内容である。被告側の表面的な法解釈論に切り込み、提訴の実質的意味を明らかにするものと言ってよい。

石崎さんはまず、一審判決が「返還請求通りの返還決定がなされているとして、訴えの利益を否定した。たしかに通常は請求をすべて認容する処分の取り消しを求めることはありえないであろう」と一般原則を認めたうえで、この返還手続き自体の特殊性を次のように説く。

「しかし、アイヌ新法（＝アイヌ文化振興法）における共有財産返還手続きでは、返還請求の対象が被控訴人（＝被告）の官報公告によって特定される制度となっており、それ以外に返還されるべき共有財産があったとしても、その返還請求をすることはできないようになっている。本件においては、まさに、官報で公告された共有財産が返還されるべき共有財産のすべてであるかどうかが重要な争点となっているのである。ところが、後述のように、現行の行政事件訴訟法制下にあっては、控訴人（＝原告）は返還決定処分を争う以外に、官報公告の違法性を争うことができない」

問われているのは、返還処分に先立つ公告の中身なのだ。被告が公告した財産しか返還対象にならない制度だから、漏れがあっても返還請求ができない。そして原告らは、実際に公告された財産リストには不足があるのではないかと疑っている。しかし、現行法制度下ではその点を直接争うことができず、やむをえず返還処分の違法性を争っているというのだ。これは提訴前から原告側が抱えていた「矛盾」でもあった。そして、いざ裁判に入ると被告側がそこを突いてきて、返還手続きの妥当性ばかりを強調した。しかし、その論議は「官報で公告された共有財産が返還されるべき共有財産のすべてであるかどうか」という重要な争点からはずれているのだ、と石崎さんは指摘したわけである。

次に石崎さんは、共有財産返還手続きの特徴を分析する。手続きの流れはこうだ。

① 道知事が返還にかかわる共有財産と価格を官報に公告する。返還の相手は特定されておらず、請求権者は公告から一年以内に返還の申し出をすべき公告もされた。

② 公告から一年以内に、共有権者が返還を請求する。この返還請求は、公告された共有財産についてだけなされ、それ以外の財産の返還請求はできないとされていた。

③ 道知事が、上記請求を審査し、返還財産について決定し、請求者に返還する。正当な共有権

者と認められない場合は、返還請求を拒否する。
④　公告から一年を経過しても返還請求のない財産は、指定法人に帰属する。
具体的な返還請求権は③の道知事の返還決定を待って生じる。その意味で③は返還請求権を具体的に確定する行政処分である。それに対し、①の公告は返還対象者が確定していないので、返還請求にかかわる具体的効果が発生していないので、行政処分とは言えず、返還手続きの一環をなすものと考えられる。この石崎さんの見解は、公告も独自の行政処分と見る原告の見方とは異なるが、「手続きの一環」として公告と返還処分とを一体化させてとらえる点では原告の主張に沿うものである。

こうして手続きの流れを整理し、公告と返還処分の性格を明らかにしたうえで、石崎さんは返還決定の特徴を次のように指摘した。
①　被告が公告し共有財産についてのみ返還請求ができるのだから、公告は返還請求の対象を規定するものである。原告の主張する返還漏れ財産があったとしても、被告がそれを認めて公告しない限り、その返還請求ができない。つまり、アイヌ文化振興法附則は、返還対象となるべき共有財産の範囲をめぐって、原告と被告間で意見に不一致がある場合、被告の判断が一方的に貫徹するしくみになっている。
②　被告が公告した財産しか共有権者が返還請求できない以上、被告は返還対象となるべき共有財産のすべてを公告するべき義務がある。財産を精査し、漏れなく公告しなくてはならない。したがって、返還対象となるべき財産の一部が公告されない場合、それは瑕疵《かし》ある公告であり、

返還処分決定の違法を構成し、請求権者の権利を侵害する。この違法は、返還手続きをやり直すことで除去できる。公告が独自の行政処分でなくとも、返還手続きの一環をなすものだとすれば、瑕疵ある公告は当然、返還決定処分の違法事由となり、「瑕疵の承継」問題は生じない。仮に公告が行政処分だとすると、返還処分との一体性を考えれば「瑕疵の承継」が当然認められる。

③ 原告が公告の違法性を主張し、返還手続きのやり直しを求めようとすれば、現行の行政事件訴訟法下では返還決定処分を争う以外に方法がない。

原告らの言いたいことの核心、その訴えの正当性がしっかりと論理化されてきた。公告が「行政処分」であろうがなかろうが、いずれにせよ公告内容に瑕疵（＝きず、違法）があるのなら、続く返還決定処分もまた違法と言えるというのである。そして、瑕疵があるまま、つまりは返還対象となるべき財産の一部を公告しないまま、返還手続きが行なわれれば、返還処分は原告にとって不利益なものになる。それゆえに「訴えの利益」もあるということになる。

ところが一審判決は、返還処分が原告の請求のすべてを満たしていることを理由に「訴えの利益」がないと判断している。この点について、石崎さんは「それは本返還手続きの特殊性を見ない極めて形式的なものである」と批判する。そして、「官報で公告された共有財産についてだけ返還請求を認めているという制度のもとで、不十分な公告によりなされた返還決定が、公告にもとづく返還請求をすべて満たしているという理由で、控訴人（＝原告）らに対し不利益性を持たないとされるならば、不十分な公告がもたらす権利侵害性を見落とすことになる」という。

なにも面倒な法律論の中に入らずに常識的なレベルで考えても、極めて妥当な意見だろう。公告があった。その公告自体がいい加減な内容だ。だが、瑕疵のある公告でも、それを是正させる手段が用意されていない。「そんなバカな!」と怒るところだが、手を拱《こまぬ》いていると返還手続きがどんどん進められてしまう。返還申請のない財産は指定法人に振り込まれ、返還作業がすべて終了したものとされてしまう。それじゃあ仕方がないから、申請をしたうえで返還をストップさせよう、そこで公告の違法も問題にしようと原告らは考えたのだ。手続き自体が特殊な制度だったゆえの窮余の一策である。だから、その点もきちんと評価すべきだという主張である。

実体審理の扉が開いた

見てきたように、二審も一審同様、ここまでは「訴えの利益」を中心とする法律論の応酬が繰り返された。それも法廷での口頭によるやりとりではなく、すべて「水面下」の、つまりは書面を通じてのバトルであった。この応酬が続く限り、そしてそこから抜け出せない限り、原告には引き続き「門前払い」の恐れがついて回った。いかに学者・研究者らの知見を動員して論理をしっかりと固めようと、実体審理に入れないのでは、見通しは暗い。そこで原告側は、証人尋問を突破口にしようとした。特に共有財産の管理実態の具体的問題点を証言できる人を、証人として申請し続けた。

そのつど、被告側は「必要なし」とアピールした。ところが、朗報はある日突然もたらされた。

二審入りして丸一年が経過した〇三年の夏。神奈川県にいる私は、札幌の村松弁護団長に電話を入れた。村松さんは開口一番、「証人尋問が認められた。二人も認められたんですよ」と嬉しそうな声を上げた。ここまでの流れを正確につかんでいなかった私は、その言葉の意味が即座には理解できなかった。村松さんに解説してもらってから、一審とは違う流れになったことが確信できた。いよいよ、原告が待ち望んでいた実体審理の扉が開き始めたのだ。

この朗報がもたらされたのは、第六回口頭弁論（〇三年七月一五日）だった。この日は、第五回（五月一三日）と連続して、秋辺得平さんが意見陳述に立った。一審で恒例化させていた、原告本人の生の体験にもとづく意見陳述は二審でも継続しており、これまでに鹿田川見さん（第二回）、川村兼一さん（第四回）も意見を述べている。秋辺さんは第五回で陳述しきれず、もう一回機会を与えてもらったものだった。その意見陳述が一五分ほど行なわれた後、坂本慶一裁判長が合議のために二度の中断をはさんでから、滝沢正、井上勝生という二人の原告側証人の尋問を認めると発言したのだ。予期せぬこの一言に、傍聴席から一斉に拍手が沸き起こった。滝沢証人は次回、井上証人は次々回に証言することになった。

閉廷後の集会で拾った喜びの声が、支援する会「ニュース」第三一号に載っている。

「今までの裁判で、『今日は裁判だな』と思ったことはありません」（諏訪野楠蔵原告）

「昨日の段階で、テレビカメラが入ると裁判所から連絡が入った。これは何を意味しているかというと、今日で終わりだ。今日で結審してあと判決日を決めて、と報道される節があったんですよ。それで急遽、意見書で滝沢、井上、二人だけでも最低限必要なんだ、と出しました。公告が違法だ、二人の意見を聞けばわかる、と。裁判所は二回も合議しましたけども、採用するとなった」（房川弁護士）

「本当におめでとうございました。今日の決定は非常に重い。この裁判で扉が開いた、というのはどういうことかというと、裁判所が共有財産の公告手続きに問題があるんではないかなあ、と感じている。返還手続きに漏れがあったのかどうかを、裁判所で確認したいということ。向こうは抵抗したでしょ。向こうの立場からすると、ここに立ち入られたらかなわないわけですよ。二人というのはすごい。滝沢先生だけかと思ったけど。実体審理に入る、と腰を入れてきたということです。崩したのは裁判所なんだけど、皆さんが今日押し開いたというのは歴史的ですよ。私たちは歴史に封印するなと言ってきたけど、封印を解いた、今日。……すごいことが起こるものだと思います」（村松弁護士）

結審、そして門前払いという恐怖もあったのだ。そこから一転しての、突然の実体審理入りだったのである。意見書、準備書面などを通じて繰り返しアピールしたことが、やっと実を結んだのだ。喜びも一入《ひとしお》のことだろう。

ところで、秋辺さんがこの日の意見陳述の中で「インディアン信託裁判」に触れている。この裁判は今、米国で進行中であり、その本質がアイヌ共有財産裁判に極めて似ているので、紹介しておこう。秋辺さんは、資料を北九州女子短大の手島武雅助教授から提供してもらい、法廷に提出したそうだ。その資料を参考に、さらに私がインターネットで調べたデータも加えて、「インディアン信託裁判」の概要を描くことにする。

インディアン信託裁判

この裁判は、一九九六年六月一〇日、米国の首都ワシントンDCの地裁に提訴された集団訴訟である。訴えたのは、モンタナ州のエルース・コベルら、「インディアン」の一部族であるブラックフィート族の人たちで、訴えられた相手は連邦政府である。訴えのねらいは、一九世紀末以来、連邦政府に信託されてきた、最大五〇万人に上るアメリカ・インディアンとその相続人のものである、数十億ドルの財産に関する管理実態を明らかにさせることにある。アメリカ・インディアンが連邦政府を相手取った訴訟の中で史上最大のものであり、公判を通じて内務省と財務省の大規模な不正管理の実態が明らかにされてきている。

一八七〇年代の米国連邦政府は、インディアンを居留地に囲い込む政策をとっていた。しかし、インディアン以外の人間たちが土地を渇望したため、八〇年代には大半の居留地(リザベーション)が破壊されていった。そうした地域では、居留地が分割され、数千人のインディアン個々人に八〇～一六〇エーカーの土地が割り渡された。割り渡されたそれぞれの区画については、政府が「信託者」になって土地の法的権限を持ち、「個人インディアン信託」（Individual Indian Trust）を設立した。これにより、政府は信託された土地の管理に全責任を負うことになり、その中には採鉱や石油・天然ガスの生産、木材売買、牧畜などで得た、あらゆる収益を回収してインディアンに支払う義務も含まれていた。

ところが、一世紀以上にわたって不正行為を重ねた結果、連邦政府は数十万人ものインディアン受益者に関する正確な記録も、訴訟に関わる受益者に当然属する数十億ドルの財産の正確な記録もまったく持っていない有様だ。

法廷では、提出資料や証言を通じて、連邦政府の役人がずさんで間違った管理をしたり、不誠実だったりしたことが次々と明らかになり、ロイス・ランバース判事は「財務面でも行政面でも無責任きわまる行為」と断定した。そして、一九九九年二月、同判事は、当時のバビット内務省長官、コウヴァー同次官、ルービン財務省長官を、資料提出の意図的遅延、関連資料の廃棄、虚偽証言などによる「法廷侮辱」と宣告した。しかし、反省の色はまったくなく、その後も虚偽証言、ずさんな財務、役人による報復などが続き、それらが法廷で明るみに出されていった。

中でもひどいのは、関連資料の大量廃棄だ。九九年一月二八日、財務省はメリーランドの倉庫に保管していた一六二箱もの資料を廃棄している。それでいて、法廷では政府の代理人が「記録を捜しています」とシラを切り、六週間後の三月一一日になってからようやく、一六二箱の資料を廃棄したと代理人が法廷に報告している。これに怒った同判事は、九九年八月一〇日、内務省と財務省に六〇万ドルの罰金支払いを命じている。

コベルら原告がこの裁判に期待したことは、具体的に二つあった。①制度の恒久的改革をする、②連邦政府に財産に関する説明を求める、という二点だ。ランバース判事もこれを尊重し、事件をこの二つの側面に分けて訴訟指揮を執っている。

まず①の制度改革の審理で同判事は、九九年一二月二一日、バビット内務省長官とルービン財務省長官がインディアンに対する信託義務を破ったと判定した。そして、制度の手直しを確実に行なわせるために最低五年間は裁判所が監視することとし、すべての信託財産の会計を明らかにするよう命じた。これに対して政府は、司法権限を越えているとして二〇〇〇年一月三日に控訴し、原告側もこれに応訴したが、〇一年二月二三日、三人の合議法廷である控訴審は全員一致で、政府の不正の重大性に鑑みて監視は必要と判断し、控訴を棄却した。五月二五日には最高裁への再審請求期間も終わり、この決定が確定した。

地裁のランバース判事は、自分の命令を実行させる助っ人として、信託資料の保存と作成を監視する特別判事補と、制度改革の実行について内務省が法廷で述べていることに信憑性があるかどうかを判定する連邦監視官の二人を任命した。連邦監視官は、判事命令から一九カ月後に提出した最初の報告で、内務省が命令に従って会計報告を提出するための努力をしていると陳述しているのはまやかしであり、まだスタート台にも立っておらず、非現実的な対応と言い逃れに終始していると指摘した。

政府機関の「サボタージュ」はその後も続き、二〇〇一年一〇月二八日、特別判事補は意見書を法廷に提出し、ノートン内務省長官らを「法廷侮辱」とするよう求めた。ランバース判事は二〇〇一年一二月一〇日、ノートン長官とインディアン問題担当のマカレブ次官を裁く審理を開始し、〇二年二月二一日に結審、同年九月一七日に「法廷侮辱」との結論を出した。「歴史的会計プロジェクトを進めよという裁判所命令に従わなかった」「同プロジェクトに関わる担当部局の本当の行動を隠蔽し、裁判所を欺いた」など五点の理由が挙げられている。

裁判は、今も続いている。改革を推し進めるために、内務省と原告双方に、改革の具体的取り組みの計画やプランを法廷に提出するよう求めており、今後はそれをもとに審理がされる。また、二つに分けた②の「連邦政府による財産に関する説明」に関する審理は、〇一年八月三日に原告側が「審理を〇二年一月八日から始めてほしい」と求める申請をランバース判事宛てに出している。これらの審理が並行して進み、政府のこれまでのずさんな管理がいっそう厳しく問い直され、現実改善が進むことだろう。

この裁判の詳細は、インターネットの原告側のホームページで知ることができる。アクセスするには、たとえば米国のＹＡＨＯＯの検索エンジンに「COBELL V. NORTON」と入力すればいい。そのホームページには裁判記録のほか、さまざまな関連記事も載せられている。その中に、二〇〇〇年四月二日に放送された「６０　ＭＩＮＵＴＥＳ」（六〇分）という番組のインタビュー内容がある。原告の中心となっている女性コベルの、次のコメントは、きわめて印象的だ。

「彼らはまず私たちの血を奪い、それから私たちの土地を奪い、そして今、私たちの金を奪っているのです。だけどね、今度はまんまと言い抜けるわけにはいきませんよ」

「現実にはね、米国財務省は一つの銀行を経営しているんです。完全にコントロールから外れた銀行をね」

この言葉、アイヌ共有財産裁判でもそのまま通じるのではないだろうか。

非インディアンが土地を求めて殺到したことによる、インディアン居留地の崩壊と個人への割り渡し、政府による土地と財産の管理、一世紀以上にわたる政府の不正の数々とずさんな管理、いざ裁判になってもシラを切ったり、証拠資料の隠滅・廃棄、挙げ句に繰り返す法廷侮辱……。このいくつかは、アイヌの歴史、共有財産の経過と重ね合わせることができる。あまりに酷似していることにびっくりするほどである。ただし、政府側の悪質きわまる姿勢、行動に、地裁のランバース判事が厳しい姿勢で臨み、具体的な改善策の実施を命じ、その監視までしっかりとしているのには、救われる思いがする。

アイヌ共有財産訴訟で見習うべき教訓も、先行するこの裁判には多々ありそうだ。

❀公告されていない共有財産がたくさんある

待望の証人尋問の日がやってきた。いよいよ、原告が求め続けてきた実体審理入りである。証人は滝沢正さん。札幌市内の高校で社会科を教え、アイヌ民族の歴史についても研究を続けてきた人だ。この裁判を支援する会では幹事も務めている。「一審判決が出た時、シメタと思いましたね。こんな論理なら打ち破れると思ったんですよ」という滝沢さんは、まさに満を持しての出廷といえる。

しかし、〇三年七月に証人尋問が決定すると、原告団らは翌日に道庁に新たな資料の開示請求を行ない、さらに学習会、シンポジウム、役員会、弁護士との打ち合わせなどを何度も重ねた。主役の滝沢さんが、ついには寝不足に陥って倒れるほどだった。滝沢さんはすでに法廷に、この年の二月、七月の二回、陳述書を提出しており、証言に立った第七回口頭弁論（二〇〇三年九月三〇日）の直前にも一通の陳述書を出している。尋問は、これら陳述書で展開してきた内容の総仕上げという意味があった。

証人尋問は一時間を越え、滝沢さんは次の三点を中心に自らの調査結果を明らかにした。

①　北海道庁が公告の際に行なった共有財産の調査が、不十分であること
②　公告されていない共有財産が存在すること
③　旭川の共有財産に不明朗な点があること

この順番に沿って証言のハイライト部分を紹介しよう。まず①の「ずさん調査」について。滝沢さんは、情報公開条例に基づいて原告団長の小川隆吉さんらが繰り返し請求して得た共有財産関連資料の中に、道庁が公告の際の調査で目を通していない資料があることを突き止めた。一審で被告

側が「十分に調査し」「共有財産をすべて公告した」と述べていることを否定する材料である。具体的に見ていこう。

小川さんらは九七年に行なった最初の開示請求で、「共有財産について調査した資料を全部出してほしい」と求めている。そこで出されてきた資料が、「旧土人保護法（共有財産）関係調査資料リスト」と「北海道旧土人共有財産明細書（平成九年七月八日現在）」だけだった。ところが、その後請求を重ねてゆくと別の書類が出てきたのだ。主尋問における房川弁護士との一問一答（書証の「甲」は原告側提出、「乙」は被告側提出を意味する）。

――つい最近、平成一五年（二〇〇三年）七月一六日付で文書請求してます。また請求してみたわけですね。

滝沢　そういうことです。

――そうすると、さらにまた書類が出てきたということですね。

滝沢　そのとおりです。

――ところが、その前に、もうこれ以上の書類がないと言われていたにもかかわらず、また数年たって請求したら出てきたということになったわけですか。

滝沢　その前にまだ平成一〇年（一九九八年）の七月、八月段階でも開示請求しておりましたが、そのときでも、この明細書についてはないというふうなお答えだったと思いますが、この度は、共有財産明細書を指定して、昭和九年以降ということを開示してくれというふうに指定したところ、これが出てきたわけです。

滝沢さんが言う「この明細書」とは、九七年の請求時に入手した「北海道旧土人共有財産明細書(平成九年七月八日現在)」とは異なる明細書のことだ。昭和三三年、同三八年、同四五年、同四七年、同五二年現在という五通の明細書が実は存在しており、道庁は過去の開示請求に対してこれらの明細書の存在を明らかにしてこないで、証人尋問決定後の請求に対してやっと出してきたというのだ。今回はなぜ出てきたのか?

——今回、これで最後ですよということで、これ以外に現在はありませんと書いてありますけれども、前も同じように、もうこれ以上ないと言われて出てきているところを見ると、まだまだあるのではないかということが疑われるということでしょうか。

滝沢　はい。そのように考えております。これまでの開示の経過を考えますと、書類名を限定するか、書類の内容を限定すれば、それに沿って開示されるというふうな経過がございましたので、さらに我々がまだどういう書類があるかわかりませんが、その書類を指定すれば出てくるかもしれないと、そういう感じはもっております。

——いずれにしても、当時行なった、調査したリストが開示されていて、それに沿っているものだろうと。それ以外のものが出てくるということは、今回の告示に当たっては、リスト以外のを調べてないであろうということを陳述書に書いてあるんですね。

滝沢　そういうふうに考えました。

開示請求する側は資料の全体像を知らず、手探りで請求をしている。どんなタイトルをつけて請求したらよいかも、迷うことだろう。それをよいことに、道庁側は出し渋りをしているのだ。滝沢さんの調査で、道庁が、最初に小川さんらに開示した「調査資料リスト」と「明細書」（平成九年現在）をもとに、共有財産の土地に関する経過をまとめた「旧土法共有財産（土地）に係る告示の経緯」と、現金分についての「北海道旧土人共有財産告示の経緯」、さらに「財産別沿革」という書類を作っていることが明らかになっている。これらをもとに共有財産の公告をしたと見られるのだが、原告側の執拗な開示請求の結果、そのリストには無い資料も出てきたのだ。滝沢さんは膨大な量のマイクロフィルムを丹念に調べ上げ、その中から公告漏れの財産を見つけ出した。証言はポイントの②に入る。

――（甲第一号証、第六号証を示す）旧土人共有財産台帳、豊富《とよとみ》のものがありますけれども、これもリストに載ってないですか。

滝沢　載っておりません。

――この台帳も調べていないというふうに考えざるを得ないということになるわけですか。

滝沢　その通りです。

――（甲第九四号証を示す）これは、「告示の経緯」ということですけれども、二枚目の注二を見ますと、「幕別・池田については、現在管理されていない。権利移転の手続関係につき調査中」というふうになっていますね。

滝沢　はい。

――「幕別・池田」というのは、「中川郡各村（大津村）」という部分をずっと行くと途中で二つに分かれていますね。その二つに分かれているほうの右側、「幕別（大津村）」、この欄を指しているわけですね。

滝沢　そのとおりです。

――ほかの欄を見ますと、廃止になっているところは「廃止」と記載されているわけですね。

滝沢　そのとおりです。

――そうすると、この経緯を調査した段階で、この土地が廃止になっていないのに、現在管理されていないので、それがどうなったか調査中であるということが、この注に記載されているわけですね。

滝沢　はい、そのとおりです。

――その調査結果というのは、結論として、今までの開示請求、それから先生が調べた資料の中に出てきているのでしょうか。

滝沢　開示された資料の中には、今のところ見つけることができないでいます。

――そうすると、調査結果が不明なまま今回の告示がなされたということになるわけですか。

滝沢　私はそう判断いたしました。

滝沢さんは共有財産のどこがおかしいかを、具体的に指摘しだした。すでに提出済みの陳述書でも触れているので、証言は典型例に絞っている。証言で明らかにされた具体例を次に個条書きにする。

① 幕別村には土地も共有財産として存在していたのに、公告から落ちている。

② 幕別村には明治三五年の最初の指定段階で、漁場三、海産干場一、宅地一、倉庫一が入っていたが、昭和六年の指定替えでこれらが帯広と幕別に分けられた。それ以降は、このどちらかに入っているはずなのに、漁場は三つとも消えている。

③ 公債の台帳には全道教育資金の公債一万三三〇〇円という記載があり、それが昭和一九年四月に一万三六五〇円に増えており、「累利公債」と書かれてある。しかし、道庁が調査した「経緯」を明らかにした一覧表には、この公債が載っていない。どこに行ったか不明のままである。

④　道庁が調査に使ったと思われるリストの中に道の報告書がたくさんあり、それらに現金の価額が書かれてある。しかし、それらは年月がとびとびであり、財産台帳も年月がとびとびである。共有財産の台帳は昭和一九年までのものしか残っていない。この台帳には二一年度までの各年が「前年度より繰越」と書かれている。道が情報開示した「北海道旧土人共有財産明細書」では昭和三三年度以降の数字が明らかだが、昭和二二年度〜三二年度までが不明である。

滝沢さんと房川弁護士は証拠資料と照らし合わせながら、道庁の調査の元となったと思われるデータの矛盾点を次々と明らかにしていった。その中でも「別格におかしい」と滝沢さんが指摘したのは、旭川の共有財産だった。

疑惑渦巻く旭川の共有財産

その財産のもとになったのは、近文地区の土地から得た収益だ。旧土法下、本来ならアイヌに無償給付されるべき土地は、第七師団の移転により給付が保留され、一九〇五年（明治三八年）には道庁から旭川町（市）に貸し下げられている。旭川町は全体の五分の一をアイヌに貸与し、残りは和人入植者に賃貸したり、旭川師範学校や鉄道敷地などに無償寄付したり、売却してしまった。土地がアイヌに無償給付されたのは、一九三四年（昭和九年）に「旭川市旧土人保護地処分法」が制定されてからである。それに伴い、それまで旭川市が管理していた共有財産が北海道長官に移管され、長官管理財産として指定された。共有財産は近文の土地と、その売却や和人への賃貸で得た現金である（ちなみに、戦後は農地解放で土地が賃借人らに売却され、売却代金に「耕作見舞金」を足した計三〇〇万円をアイヌ五〇戸に分配している）。

どうやら、この財産引継ぎにかなりの問題があったようなのである。滝沢さんと房川弁護士は二人で、疑惑をじわりじわりと追いつめる。まずは現金から。

――（甲第八六号証＝「旭川市旧土人共有財産現金引継ぎに関する件」＝を示す）右下の番号一五七のページを見てください。領収書があります。昭和九年一一月に二一〇〇円、但し書きを見ると、「昭和九年一一月一六日財第三六九號御通知ニ依ル引渡金五千圓ノ内」ということで、五〇〇〇円が別途あって、そのうち二一〇〇円が、北海道長官から旭川市収入役にあてている領収書ですので、旭川市から長官に二一〇〇円が渡っているということを示すものになるわけですね。

滝沢　はい、そのとおりです。

――（甲第一号証＝昭和一〇年台帳＝を示す）一―一一を見てください。現金の部、九年一一月二六日に二一〇〇円、「旭川市役所ヨリ引継ギ」ということで二一〇〇円というのが出てきますけれども、これは旭川市から引き継がれた二一〇〇円ということですね。

滝沢　はい。

――（甲第八六号証を示す）一六〇ページを見てください。ここにも仮領収書ということで、一一月二六日付で二〇〇円が出てきて、会計のことが書かれたものが出てくるんですが、これは、先ほど示した一五七ページの二〇〇円とは同じものになるんでしょうか。ちょっとわかりませんか。

滝沢　ちょっとそれはわかりかねます。

――同じものを示しているのかなというふうに思うのですが。

滝沢　ただ、状況的には九年一一月のやり取りですので、あるいは同じものであったかもしれないと、推定されます。

――一五七ページの領収書に書かれたもの、それから、一六〇ページの台帳みたいなものに書かれているものと仮領収書、これが一一月二六日、これは先ほどの甲一号証の記載のとおりに、旧土人財産台帳に二〇〇円が載っているということになるわけですね。

滝沢　はい。ちょっとご説明いたしますが、この旭川の台帳部分につきましては、昭和一〇年度と書いてありながら、昭和九年一一月から始まっております。したがいまして、ちょうど旭川分の台帳は、引継ぎに関して、ここから記帳が始まったというふうに考えられます。そのうち、先ほどの二〇〇円の入金は、九年一一月二六日の、いわば、この台帳の第一項目ですね、ここに引継ぎというふうに入っているわけです。

――一五六ページを見てください。これが先ほど示した二〇〇円と同じような領収書ですが、同じく五〇〇〇円のうちから一八〇〇円が旭川市から北海道長官に渡っているんですが、これが同じく九年一一月一六日ですけれども、この台帳には九年一一月二六日の二〇〇円からしか載っていないと、この前の甲八六号証の一五六ページに出てくる一八〇〇円が台帳に載っていないということになるわけですね。

滝沢　ええ、台帳の中には見つけることができません。

――一六三ページを見ると、先ほどの二〇〇円のときにあった帳簿と同じような内容なんですけれども、ここでは、五八〇〇円四一銭一厘が道庁の会計に旭川市から引き継いであるようなんですけど、昭和一〇年一月三一日なんですけれども。

（甲第一号証を示す）――二二ページを見てください。これが昭和一〇年一月の欄なんですけれども、一月三一日までずっと見ていきますが、五八〇〇円四一銭一厘が載っていないわけですね。

滝沢　ええ、これも見つけることができませんでした。

――これも台帳外、簿外で長官が手元に管理していたと思われるもの、金額が台帳には載っていないということになるわけですね。

滝沢　台帳には載っていないということははっきり申し上げることができると思いますが、どのような管理形態であったかはわかりません。

――（甲第八五号証＝「旭川市旧土人共有財産　土地貸地料欠損処分ニツキ伺」＝を示す）一一一ページを見てください。これも先ほどと同じような体裁のもので、五四六五円五三銭というものが道庁に入っているようなのですが、これも台帳の昭和一〇年一〇月の欄を見ても載ってないということになるわけですね。

滝沢　そのとおりです。

領収書には書かれてある金額が、財産台帳には載っていない。旭川市から道庁に、一八〇〇円（九年一一月一六日）、五八〇〇円余（一〇年一月三一日）、五四六五円余（一〇年一〇月）と三度にわたって大金が渡っているはずなのに、いずれも表の帳簿からは神隠しにあったかのように消えているのである。しかし、台帳の但し書きを見ると妙な文言が見つかった。財産隠しは、引継ぎ時だけでなく、それ以前に旭川市が管理していた時から行なわれていたことが疑われるのだ。

――一一一ページの台帳の但し書きのところを見ますと、一番最後に（指定外として）という文言が出てきますけれども、これはどういったことを意味するというふうに理解されているのでしょうか。

滝沢　この文書に出てくる、現金を管理した担当というのは、道庁外では、歳入歳出外現金出納官吏という者が管理していたと考えられます。……（中略）しかしながら、カッコでわざわざ指定外というふうに書くということは、これは指定外の分だぞという指示だろうと、あるいは、この現金出納官吏は、指定された金額の管理のほかに指定外の管理もしていたかもしれないと、そのことをうかがわせるものです。

――（甲第八五号証）一〇七ページを見てください。領収書があって、今示した一一一ページに出てくる五四六五円五三銭の領収書もきちんとあるということになるわけですね。

滝沢　そのとおりです。

――そうすると、どうも旭川市でも指定外の財産があって、それが長官指定外でまた移転されているものがあるらしいということになるわけですね。

滝沢　これらの文言から推定すると、そう考えざるをえないというところです。

――今回の告示で指定財産の返還もされていますけど、指定外財産の返還も同時になされていますね。

滝沢　ええ。

――その指定外財産のほうにこれがあったのではないんですか、それはもう全然入ってないんですか。

滝沢　指定外財産の欄には旭川のこれに該当するものはなかったと考えますので、そちらには入っていないと思います。

さてさて、ミステリーである。今回の公告では「指定外財産」が、八件一七万円余りというわずかな額ながら明らかにされている。なぜ北海道知事（長官）が管理していることになったかわからないが、とにかく持っているので返す、という趣旨の財産である。そのリストの中に、当時の金銭価値からすれば今回の公告に計上された一七万円とはケタ違いだろう大金が、まったく入っていないというのだ。どこへ消えたのか?

旭川の疑惑は、土地についても見つかった。今回の公告資料によると、旭川の共有財産は、一九三四年(昭和九年)一一月一日(土地)、同一一月一三日(土地)、一九四二年(昭和一七年)六月六日(現金三一一二円余)の三回にわたって指定がなされている。前の二回は土地、三回目のみが現金の指定である。現金分は鉄道省に土地を売った代金が指定されたと見られる。ところが、指定財産の現金はもっとたくさんあったのではないか、と推測される事実が出てきたのだ。

――(甲第三二号証=「北海道旧土人共有財産明細書」平成九年・道庁=を示す)一枚目、一七番の三段目、旭川市旧土人共有ということで、三一一二円九八銭という金額が出てきますけれども、これは鉄道省に売った金額と同じ金額、これが当時昭和一七年に管理していた中で現金として指定したものというふうに理解できるわけですか。

滝沢 そのとおりに理解しました。

――現金というのは、当時、土地台帳で、現金を管理したのは三一一二円九八銭だけだったんでしょうか。

滝沢 そうではなくて、台帳を見ますと、北海道に移管後も旭川の賃貸料がずっと入ってきたと思いますので、これがそのつど、賃貸料として書き込まれていて、現金はほかにもありました。

――（甲第五号証＝昭和一六年度台帳＝を示す）五―一四ページを見てください。土地の売却代金三一一二円九八銭が載ってますけれども、一番左側にこの年度の累計金額が出てきますね。これは賃料等そのほかもろもろ全部合わせた金額ということになるわけですか。

滝沢　たぶん、そうだろうと思います。

――その合計額を見ると、三万二六八三円二九一《ママ》銭という金額が載っていますね。

滝沢　この欄はそのとおりだと思います。

――ところが、昭和一七年で指定されているのは三一一二円だけで、ほかの金額は指定されていなかったということになるわけですか。

滝沢　これについてですけれども、旭川の土地は、昭和六年に共有財産として指定されておりますね。ですから、それから上がってくる益金というのは指定の範囲内と考えてもよいかとは思います。

――そうすると、甲五号証は昭和一六年度の台帳ですので、先ほど示した三万二六八三円というのは、昭和一七年にも当然引き継がれているということになるわけですね。

滝沢　そうであろうと思われます。

――しかし、昭和一七年六月の共有財産として指定されたのは、先ほどの鉄道省に売却した三一一二円九八銭のみであったということになるわけですね。

滝沢　そう考えます。

――そうすると、二万九〇〇〇円くらいのお金は、指定外でどこかにあるということになるわけですか。

滝沢 たぶん、この金額の相当部分は、先ほど申しました賃貸料から加算されたものであろうと。ただ、それが全額であるかどうかは計算上ちょっとわかりません。

昭和一六年度の土地台帳には三万三〇〇〇円弱の金額が載っているのに、翌一七年の共有財産指定にはその年になされた鉄道省への土地売却代金の三一一二円しか載っていない。差し引き二万九〇〇〇円が不明なのである。こうした事実をふまえて滝沢さんは、旭川の共有財産には「基本財産」ともいうべきものが存在したはずだと見る。

――(甲第八三号証=「旭川市近文土人給与地ニ関スル調書」昭和七年・旭川市社会課長=を示す)一二三二ページを見てください。ここに旭川の共有財産のことが記載されていまして、基本財産ということで、救恤金《きょうじゅつ》とか恩賜金の積立金ということで、合計として一万三四一六円一八〇銭という金額が記載されていますが、これが旭川にあった基本財産ということになるわけですか。

滝沢 はい、そのとおりです。この文書によれば、この金額は旭川市が明治三九年以来、給与予定地の収益金の一部を割いて、基本財産として積み立ててきたものだというふうに判断されます。

――先生の陳述書によると、これが金利等で少しずつ増えて、最終的には大体一万五〇〇〇円くらいにはなっていたんじゃないだろうかというような指摘があるようなんですが、それはそのとおりなんですか。

滝沢　はい。一万五〇〇〇円くらいというふうに考えたのは、一つは、旭川市の管理課の資料で、今、拓殖課の資料として残って証拠として出していると思いますが、この中には、年度ごとに決算表がありまして、その中に六〇円とか七〇円だとかっていうふうな年度ごとの積立額があります。それをも足したと。それと、利子も増えているだろうというふうになると、一万五〇〇〇円程度は、道に移管する直前の基本財産の額となっていたろうというふうに推定しました。

昭和七年に一万三四〇〇円余の基本財産があったことが、旭川市の資料に残っている。これに利息や収益金を足した一万五〇〇〇円ほどの額が、昭和九年に旭川市から道庁に移管されるときにはあったはずと推測しているのである。無理のない推論だろう。ところが、公告によれば、旭川の共有財産にかかわる現金の指定は昭和一七年のみなのである。昭和九年には土地しか指定されていないのだ。この基本財産もまた、どこに消えたか不明のままなのである。

原告側が開示を求めて入手した資料を丹念に読み込んだ結果、こうした事実が明らかにされた。とにかく説明のつかない不明なことばかりなのである。そして、公告から漏れている「指定外財産」や「基本財産」の存在が強く疑われてきた。なのに、道庁側は「十分な調査」を行ない、「すべての共有財産」を公告したと強弁しているのである。

空振りに終わった反対尋問

滝沢さんは、以上の三点を中心に証言を進めた。もちろん、これに対して被告側は反対尋問を行なったが、有効な反撃を加えることはまったくできなかった。それどころが、それこそ不十分な調査、不十分な歴史の勉強にもとづく尋問が、自らの墓穴を掘る結果にもなった。

たとえば、滝沢さんが証言でも陳述書でもまったく触れていない江別・対雁の共有財産を引き合いに出し、「茲《ここ》に於て旧土人保護法に基き、内務大臣の認可を得て夫々《それぞれ》処分に着し、昭和元年一二月を以て全く完了した」という昭和四年の「土人概要」の文章を突きつけたが、滝沢さんから「(私は)対雁については一つも申し上げておりません」と一蹴され、すごすごと引き下がっている。質問自体がピント外れなのである。さらには、十勝の共有財産と全道教育資金についても反論を試みるが、ことごとく滝沢さんに撥ねのけられている。やりとりを紹介しよう。

被告側代理人・桂井孝教　(乙第一三号証を示す)一〇ページを見てください。さらに、今の先ほど出ました土人概要によりますと、大正一二年末の共有財産について、河西、河東、中川郡各村土人共有財産が、「土人救護の目的を以て一戸当たり五拾円の割を以て三二二戸に対し総額一万六一〇〇円を配付し」というふうな記載があることについてはご存じでしたか。

滝沢　はい、知っておりました。

――これらによりますと、大正一二年末以降、共有財産の一部につきましては、河西、河東、中川郡各村で分配されて、その分配の基準も明らかになっていたというふうには言えるんではないでしょうか。

滝沢　そう言えないと思います。それは今おっしゃっているものは、財産の一部を処分して現金に換えたものの分割ですね。

――はい。

滝沢　それはそのとおりであろうと思いますが、その後にまだ残っているものがありました。それが、先ほど申しましたが、海産干場とか、それから宅地等ですよね。で、帯広と幕別に分けた、その基準がわからないし、その残っているものがなぜその割合にそれぞれが分けられたのかはわからないということです。その不動産の方に注目して陳述をしたつもりであります。

部分だけに着目する、要するに木を見て森を見ないのが、道庁とその代理人たちの、こよなく愛する常套手法のようだ。だから、結局ピントを外してしまう。全道教育資金についても同じ過ちを犯す。

――（甲第七六号証を示す）陳述書の一一二ページの一行目以下を見てください。ここで証人は、

「文部省に対する支給申請は三県知事よりアイヌ児童の就学奨励のためになされたものである。これらの金員が一八九九年（明治三二年）までの間、アイヌ児童のために使われていたかは明らかではありません」としておられるわけですが、これも証人の見解ということでよろしいですか。

滝沢　そのとおりです。

――（乙第一一号証を示す）一〇五及び一〇六ページを見てください。これは明治一六年二月二八日の三県令が宮内省にあてた下附申請書ですけれども、一〇六ページ、一一行目以下には「三県適宜ノ地へ一二ノ校舎設立致候得共県庁経費ハ毫《ごう》モ之ニ充ツルノ余裕無」というふうにあるわけですが、この記載についてはご承知だったんでしょうか。

滝沢　はい、読んでおりました。

――（乙第一二号証を示す）二三ページを見てください。明治四四年七月、北海道庁作成の「北海道舊《きゅう》土人」によれば、二三ページ、九行目以下では、「三縣ノ時ニ至リ　皇室ヨリ教育資金一千圓下賜セラレ政府亦《また》數千圓ヲ支出シテ資金ニ充テタレハ教育頓《とみ》ニ興リ當時『アイヌ』中二名ノ師範學校卒業者ヲ出スニ至レリ」という記載があるわけですが、これについてもご存じですよね。

滝沢　はい、読みました。

――この記載によりますと、共有財産がアイヌ児童の就学奨励のために使われていたと、で、それなりの効果があったというふうに判断はできないんでしょうか。

滝沢　できないと思います。私、陳述書で申し上げたのは、旧法が制定されました明治三二年以降の共有財産について申し上げております。で、この明治三二年に初めて全道教育資金は六二〇六円が指定されました。それが使われていたかどうかということが一つの問題であろうと。それから、その事前に使われていたかどうかという問題を今ご指摘されましたけれども、基本的には私は明治三二年以降の問題を、これは十分に使われていなかったというふうな判断で陳述書を書いたつもりでございます。それから、明治三二年以前のこの救恤金等につきましては、研究者の論文なんかによりますと、この間も三県の間でせっかく御下賜いただいたお金を有効に使わなければならないという意見もあり、また、御下賜いただいた金を軽々に使うわけにはいかないという議論もあって、意見が調整されず、これが活用された経過はわかんないと、見当たらないというふうな研究の成果もあります。

全道教育資金については研究書の類を少しでもひもとけば、ほとんど有効利用されなかったことがうかがえる。しかも、裁判で問題になっているのは、一八九九年（明治三二年）の旧土法制定で指定された共有財産についてなのに、被告側代理人はこともあろうに、三県時代（一八八二〜八六年）にこの資金でアイヌから二人の師範学校卒業生を出したと主張しているのである。だが、これは珍しい成功例であり、しかも次回の井上証言では、このケースには教育資金からの支出がまったくなかったことが明らかにされている。大方の資金は活用されなかったというのが、事実のようである。

こうしたお粗末な反対尋問の最後に、被告側は滝沢さんの調査法を槍玉にあげてきた。道庁から開示請求して入手したマイクロフィルムには通し番号が打ってあるのに、その番号に欠落がある資料をもとに都合の良い結論を得るための、無理な推論をしているというのだ。もし、その指摘が妥当なら、確かに滝沢さんの論は牽強付会のそしりを免れないだろう。証言の説得力に関わる大事な問題である。法廷のやりとりを見よう。

被告側代理人・田口治美　（甲第一〇一号証の一を示す）一三ページの（2）というところを見てください。（2）の一段落目で「甲八五号証の文書綴りは三〇ページ分が開示されましたが、四三ページ分が欠落している」という記載がありますね。

滝沢　そのとおりです。

――二段落目ですが、……（中略）こちらのほうでも、「フィルム番号で」「途中一一三から一一五まで欠落している」と、そういう記載がありますね。

滝沢　はい。

――この一部が欠落している理由について、証人は分析されましたか。

滝沢　してません。

――ただ、この「欠落しているので」ということで、欠落していることからある事実を推論しているというふうに読めるんですけれども、そうですよね。

滝沢　ええ。事実推定しましたが、それは欠落した後のほうの残っている資料をもとに判断をしました。

――それで、証人のこの陳述書によりますと、「欠落しているので現金の引継ぎは他にあったことも考えられます」って、そういうことでしたが、欠落していることから直ちにこういうことは言えるんですか。

滝沢　これは、このあたりのおびただしい資料、帳簿がいっぱい出てきますと、とにかく現金のやりとりについての資料が多い、資料グループですね、それでそういうふうに推定しました。

――証人の最初の話ですと、原資料に当たるのが一番大切だとおっしゃったものですから、そうすると、欠落しているというのは非常に注目されるのかなとも思ったんですが、その点については全く注目されなかったということなんでしょうか。

滝沢　注目はしました。なぜ欠落したのかと。たとえば、これはあるのではないかと。しかし、あるんだけれども開示されていないのではないかというふうな疑問を私は今でも持っております。

被告側代理人は、滝沢さんの推論が欠落を無視してなされたのではないかということを、滝沢陳述書の具体的記述から明らかにしようとし、資料に欠落がある事実を滝沢さんも認めた。はたして、滝沢さんは追い込まれたのか。被告側代理人は、滝沢さんらの知らない事実を出し、追い討ちをかける。

——証人はあまりこの点をご存じないようなんですが、実は番号が付いておりますので、これはマイクロフィルムの番号をもって数字がずっと書いてあって、マイクロフィルムには欠番というのはないんですよね。

（うなずく）

で、その経過の中で、結論を申しますと、道からは全部開示をしたんだけれども、一部だけを写しとして交付申請されたということで、全部控訴人（＝原告）らも見られているはずなんですよね、その欠落した部分も。

滝沢　見ていると思います。

——その点はご存じだったんですか。

滝沢　ええ、それはそのとおりだと思いますけれども。

——で、原資料に当たるのが大事だっていう証人のお立場からすれば、原資料が残っているのをわかるのであれば、そこを確認してから推論しなきゃいけないんじゃないですか。

滝沢　いや、原資料が残っているかどうかはわからないままに、控訴人も多分そうだろうと思いますし、私もそう思いました。フィルム番号が全部通しであるというふうにもわかりません。

ここで、原告側の弁護団長の村松弁護士が、異議を訴えた。

村松　裁判長、今の尋問に異議があります。フィルム番号が通しであるのであれば、通しであることをきちんと前提として押さえて尋問をしていただけませんか。誤導になると思いますので。

公文書の開示には、「閲覧」と「写しの交付」がある。今回は、道側が原告側の請求を認めた分についてはすべての資料を閲覧として提出し、原告側はマイクロフィルムで目を通してアタリをつけた分のみ、コピーして持ち帰っていた。具体的には、二九三〇枚が閲覧として出され、交付請求して持ち帰ったのはそのうちの一〇〇〇枚以下だった。だから「欠番」が生じているというのだ。こうした事実経過も明らかにして、被告側代理人はなおも執拗に迫る。

――で、客観的な資料、証人の言葉で言う原資料に近いものですが、これが存在するにもかかわらず、自分の主張に都合のいい部分だけ抜き出して事実を組み立てたり推論するというのは、歴史の研究の方法として正しい姿勢ではないんではないんですか。

……（中略）

滝沢　私が言っている陳述書の本論は、私が見ることのできた文書の記述についてだけ断定をし、あとは推論してるわけですよね。ですから、私は、そこの場合は推論は推論として言わざるを得ないのでそう書いておりまして、私の言ってる本論のほうの陳述のほうにおいてお問い合わせをいただきたいというふうに思うのですけれども。

調べた範囲内で、断定できるものは断定し、断定できないところは推論をしているというのである。それも勝手な推論ではなく、他のもろもろの資料とつき合わせたり時代状況を考慮するなどしたうえでのことである。先ほど紹介した被告側の「木を見て森を見ない」推論のほうが、よっぽど説得力を欠くのではないだろうか。最後に原告側から房川弁護士が尋問に立ち、返す刀で、被告側の公告のいい加減さをばっさりと切り落とした。

房川　（甲第九五号証＝今回の公告のもとになった資料リストである「旧土人保護法（共有財産）関係調査資料リスト」＝を示す）先ほど、欠落の部分を除いて推論するのはおかしいのではないかというような指摘をされていましたけれども、今、指摘された資料（注・旭川の共有財産関係の資料）というのは、この甲九五号証のリストに載っているんでしょうか。

滝沢　これは載っておりません。

――となると、道のほうでは先ほど一部欠落の部分を調査しないで推論するのはおかしいのではないかということを批判されていたけれども、全くこの旭川の資料を調査しないままに今回の返還の告示をしていたということになるのではないでしょうか。

滝沢　私はそう考えました。

――それは、人の財産を管理している者の姿勢としてはどうなんでしょうか。

滝沢　いや、先ほど申し上げたかったんですが、いかに例えば戦後の混乱期であったとはいえ、他人の財産ですね、しかも、北海道沿革にかかわるアイヌ民族の共有財産だとすれば、これは何があっても継続的に正確な資料を残す、あるいは、その財産を旧法の趣旨に従って減価しないように、利殖をするように、そのような方法が採られてしかるべきだったと思いますが、それの形跡はこれまでのところ見当たらなかったと思います。

批判はそっくりそのままお返ししますよ、というわけで、この証人尋問、明らかに軍配は原告側に上がったと言えるだろう。しかし、ある原告支援者は、被告側反対尋問のあまりのひどさ、とりわけ資料の欠落を追及する女性代理人にさかんに腹を立てていた。支援する会事務局長の大脇さんだ。膨大なマイクロフィルムと格闘した一人である。大脇さんは、「ニュース」第三二号に怒りをぶちまけている。

「私はこれを聞いていて、腹が立った。道は資料を出せと言っても、法廷に今まで資料を出したことがない。われわれは、道のマイクロフィルムがあることを知って請求した。ようやく三万円以上の金と時間をかけて資料を手に入れた（以前にも三万円かけて資料を何度にもわたって出させた）。マイクロフィルムは、全部コピーするには相当の金がかかるので必要かどうか精査した。明治の初めからのアイヌ関係の資料がマイクロフィルムになっているので、共有財産に関係のないものと、表題だけ変わり何度も出てくるものは除外した。さらに、道はこのマイクロフィルムを公告の資料として使っていないことがハッキリしている。何度も出てくる資料について知らずに、このような質問をした、と思われる。原資料を重視していないのはどちらだ！」

親方日の丸で税金を使って仕事をしている人間には、手弁当で人権を支えている人たちの苦労なんて、到底わからないことだろう。それにしても無神経な尋問であった。

❀絶妙な連携プレーで、ずさんな反対尋問をあばく

第八回口頭弁論（〇三年一二月二日）には、井上勝生・北海道大学大学院文学研究科教授が証言に立った。明治維新を中心とする日本近世史・日本近代史の研究を専門にしており、アイヌ史は専門ではない。しかし、証言に先立って念入りな調査・研究をしており、前回の滝沢さんに続き、原告側が送り出した重要な証人である。ここで、第二審はいよいよ最大の山場を迎えたといえる。私も空路、札幌入りし、傍聴に参加することにした。

原告団、支援する会では事前にマスコミ各社に連絡をとり、取材に来てくれるよう促した。裁判所でも傍聴席の最前列に記者席を用意していた。原告にすれば、実体審理入りした二審の最高の場面を広く報道してもらいたかったのだが、取材に来なかった社もあった。北海道内で六割を超えるシェアを誇り、主読紙としてのゆるぎない地位にある北海道新聞は、取材に来なかった。支援する会のメンバーの話によると、電話に出た記者から「うちは結審か判決でないと書きませんから」と

断られたそうである。

私がかつて所属していた組織の話である。この話を聞かされた時、まさかと耳を疑い、次いで恥じ入った。取材するしないは各メディアの自由である。書く書かないも自由だ。しかし、道民の主読紙を自認する「道新」は、書かなくとも、法廷の記者席に座る必要はある。最大の山場につきあわないでいて、結審、判決時に良い記事が書けるのだろうか。この裁判のニュースバリューを見誤ってはいないだろうか。

この訴訟は北海道ローカルの小さな問題ではない。三社連合のルートを通じて、中日・東京、西日本の各紙に力を入れて配信を続ければ、日本人全体の意識改革にもつながろうというものである。「道新が大事なことをなかなか書いてくれない」という声は、この裁判に限らず、以前から折につけ聞かされてきた。今度もか、という失望を再度味わったことを、あえてここに記しておく。

原告団は民族衣装に身を包み、高裁の玄関前で記念写真を撮ってから、法廷に向かった。八〇席ほどの傍聴席がびっしり埋まった。主尋問に立った原告側代理人は、二審から弁護団に加わった佐藤昭彦さん。弁護士に成りたてのフレッシュな若手だ。閉廷後の集会でご本人が嬉しそうに明かしたところによると、「できの悪い学生が先生に教えを乞うスタイルで質問をした」そうだ。なるほど、そんな雰囲気の、ほほえましささえ漂う、井上教授との一問一答だった。さらに、「傍聴人が多いと調子に乗るタイプです。みなさんに感謝いたします」との一言もつけ加えて爆笑を誘った。だが、尋問の中身はけっして、「できの悪い学生」のそれではなかった。被告側を文句なく圧倒す

第８回口頭弁論前の原告団

る迫力満点の尋問となった。そのハイライト部分を再現しよう。

主尋問の内容の大きな特徴は、前回の滝沢証言との絶妙な連携プレーにある。前回の被告側反対尋問が空振りに終わったことはすでに紹介したが、今回の井上証言はその反対尋問が根拠としていた資料の、読み取りや利用の仕方の不適切さ、資料自体の価値の無さなどを徹底的にあばいていった。まずは「全道教育資金」について。

佐藤　（乙第一二号証を示す）「北海道舊土人」という書証ですけれども、この書証から全道教育資金が教育目的のために使用されたということはできるでしょうか。

井上　できません。

――それは、なぜですか。

井上　これに関しましては、第一次資料、「北海道土人陳述書」に記載があります。

――（甲第一〇三号証の一、二を示す）この甲一〇三号証の二の原資料として、甲一〇三号証の一、「北海道土人陳述書」と書かれている文書に間違いないですね。

井上　間違いないです。

――それでは、先ほどの質問との関連で、教育資金が教育目的に使用されなかったという部分について摘示していただけますか。

井上　（二〇六ページの該当個所を指示して）これは、郡秘第一〇三号でありまして、北海道庁長官が内務省の懸治局長に対しまして、調査依頼のありました件を取り調べをしまして、回答をしております。それで、第一項、宮内省の恩賜金と文部省下付金につきましては、函館、札幌、根室の三県庁に配当したるまでで、まだアイヌ民族に配付していないと。これを行政庁で管理していると。会計法が実施されてからは、この会計法ができましたというのは三県時代ではありませんで、道庁時代に入ってからであります。百万講究したけれども、適当な方法を得ないと。そのまま道庁において管理してきたけれども、これを処分をしなきゃいけない、というふうに書いてございます。（二〇五ページの該当個所を指示して）その教育資金がどこの銀行で、あるいはどこの金庫で保管されているか、その経過を詳細に書いております。……（中略、二〇五ページに戻って）ここでは、教育資金が使われていないだけではなく、こういうふうに書いております。恩賜金については、札幌県において恩賜の旨をアイヌ民族に訓諭したことがあると。しかし、函館、根室の二県では、告知したことが、これは明治二八年の現在までという意味でありますが、現在までアイヌ民族にも知らせないままである、というふうに書いております。

――今、先生に指摘していただきました甲一〇三号証の二の記載と、乙一二号証の記載、これを併せ読むと、全道教育資金は教育目的のために支出されてはこの当時なかったというふうに読めるということですね。

井上　そのとおりであります。そうしまして、その「北海道舊土人」という、これは北海道庁が明治四四年に作成した冊子でありますが、そこに書いてありますこの三行ぐらいの記述が、実は正確でないということがわかります。

――今、指摘していただいた三行の記述というのが、乙一二号証の一三ページの後ろから六行目の下、「皇室より」というところからということですね。

井上　はい、そうであります。

――どのように不正確ということだったんでしょうか。

井上　教育資金一〇〇〇円が下賜せられたと、政府が数千円を支出したと、それで、教育がにわかに興って、アイヌ二名が師範学校卒業生を出すに至ったと。この記述は教育資金が使われたというふうに誤解を与える記載でありますが、師範学校につきましては、当時は授業料はありません。それだけではなくて、学費を支給されております。したがいまして、個々に奨学金が支給されることはありません。それから「政府亦數千圓」というふうに書いておりますが、これは文部省の二〇〇〇円であります。支出したのは二〇〇〇円で、指導されて蓄積された結果、数千円に達しました。この「數千圓」という記載は、一般的には妥当ではないというふうに思われます。

教育資金は三県時代も道庁になってからもアイヌに配付されず、二県では原資となった恩賜金の存在すらアイヌに知らされていなかった。師範学校の卒業生には教育資金からの支出がまったくなかった。実証的にこうした事実が明らかにされ、全道教育資金の有効利用を示す格好の証拠として被告側が前回の反対尋問で出した資料が、歴史資料としての信憑性に欠けることが暴露された。歴史家としての資料価値の判別力、読解力が遺憾なく発揮された証言だろう。尋問はさらに、被告側資料の不適を突く。

――（乙第一一号証の二を示す）これは「対アイヌ政策法規類集」というものですが、この文書は歴史家の間ではどのように評価されているのですか。

井上　これは、アイヌ民族史に関する資料集であります。この資料集は、法令等を多数収録しておりますが、その収録しました内容に不正確な部分が多々あるということで、研究者に注意されております。テキストクリティックにかかわる問題ですが、この「対アイヌ政策法規類集」が手本にしました「北海道舊土人保護沿革史」のテキスト、それが既に間違いが多いものだと、場所によっては法令の数行が脱落しているということが研究者の間でしばしば注意を喚起されております。

……（中略）

――その具体例を何か挙げることができますか。

井上　できます。……（中略、乙第一一号証の二の一〇六ページを示す）この部分は、違っている部分を読み上げますが、「一二ノ校舎設立致候得共」というふうに書いております。これは、前回の尋問で被控訴人（＝被告）側の代理人の方が読み上げました。これは、正しい原本では、「一二ノ校舎設立致度候へトモ」というのが正しいテキストであります。これは文意が全然違うということであります。

――この正しい文章は、どこに記載されているんでしょうか。

井上　「公文類聚《こうぶんるいじゅ》」であります。

「設立致し候えども」が被告側代理人の読んだ文。「設立致したく候えども」が原本の正しい記述。要望を意味する「度（たく）」という一字が入るか否かでは、意味が正反対になってしまう。正しくは「一二の校舎」は設立されなかったのだ。歴史資料の批判的検証を欠いた初歩の誤りである。道庁の公告同様、代理人の反対尋問もいかにずさんな調査にもとづいているかを、さらけ出したようなものだ。次は、十勝の共有財産について。

――（乙第一三号証を示す）この乙一三号証も前回の滝沢証人の尋問で反対尋問に用いられた証拠

ですが、この乙一二三号証、土人概要について、先生のご研究から何か問題点を指摘することができますか。

井上　問題点は幾つかあります。

――それでは、一つずつ教えてください。

井上　第一点目は、「河西、河東、中川郡各村土人共有財産」についての記述であります。マークされた部分に、一戸当たり五〇円の割をもって配付されたというふうに書かれております。これは前回の反対尋問で被控訴人（＝被告）代理人の方がここを読み上げられまして、配当の基準が明確であるという趣旨でご質問がありました。これは、配当の基準につきましては、一戸当たり五〇円という事柄と、戸数が何軒であるかという、二とおりの事柄が配当の基準として問題になります。戸数につきましては、これは、ちょうどこのことが実行されているときに、アイヌ民族の問題に知悉しておりまして自ら当たっていました吉田巌が日記に重要な記述をしております。

――では、その点について指摘していただきたいと思います。（甲第一一六号証＝「吉田巌日記」＝を示す）まず、この吉田巌というのは、どのような人物なんですか。

井上　これは、十勝にありましたアイヌ学校の教員でありました。校長も兼ねておりました。それからアイヌ指導員という公職でありますが、土人保導員と当時は呼んでおりましたが、その公職に当たっておりました。

――この「吉田巌日記」の中に、今、先生がご指摘された点はどこに書いてあるんでしょうか。

井上　（一一三ページ下段を指し）これは、九月二八日の記載であります。二つ目の段落ですが、「○○にいはせずとも」というところから始まっております。「○○」といいますのは、アイヌ民族の方がプライバシーの問題で伏せられていると推測されます。その前の段落では、そのアイヌ民族の方が役場に抗議に来たというところから始まっております。「委任状や本人の捺印は、まづ用件をさきに篤《とく》といひ聞かせ置きて、賛同納得ののち調印せしむべきは順序である。いきなり現在せぬ者や、現在しても資格も何もない○○や○○やなどまで、むやみやたらにかつぎあげて調印させたあたりは、随分らんぼうな且遂行の上は文書偽造、詐欺行為でなくて何であらう」というふうに、吉田巌が指摘しております。これは、現在せぬ者、現在しても資格も何もない○○や○○やなどまで捺印をとったと、調印させたということでありますから、これは軒数にかかわる偽造であります。

……（以下略）

——今のご指摘ですと、三三二戸に対して一戸当たり五〇円、この三三二戸というのが偽造、それから、現在せぬ者の署名簿を用いて戸数の確定を行なったと推測できるということなんでしょうか。

井上　ええ、そのとおりです。

被告側代理人が前回反対尋問で用いた「土人概要」（乙第一三号証）は、偽造された数字を記録した資料だったというのである。その数字を楯にとって、共有財産が各村で分配され、その分配の基準も明確だった、と被告側は証明しようとしたのだ。さらに、井上さんはこの「土人概要」の問題点を次々と指摘していった。たとえば、この書類で静内村長が管理していた共有財産が互助組合の財産に編入されたと書かれてあるが、旧土法下の指定財産には入っていないことなどを、具体的に明らかにした。

そして、十勝の共有財産については調べるべき基本文献として、「吉田菊太郎文書」（帯広・蝦夷考古館所蔵）「北海道土人陳述書」「十勝外四郡土人關係書類」などがあること、全道関係では各種帳簿の原簿、道庁と支庁・役場の間で交わされた往復文書、アイヌ側の願書の原本などがあること、それらがほとんど未調査であることを指摘した。

これを受けて佐藤弁護士が、「専門家が調査に加わることで新たな資料が発見される可能性がありますか」と尋ねた。井上さんは「あります。膨大な資料がありますから、調査委員会を作って、専門家が入って調査をする必要がある」と答えた。専門家の目から見ても、膨大な未調査資料がまだまだ眠っているというのだ。

共有財産を食い物にした管理者

十勝の共有財産に関する不正が帝国議会で追及されたことは、第一部で紹介しておいた。井上尋問でもこの件に話が及び、十勝のアイヌたちが力を合わせて抗議運動を重ね、共有財産の管理に関する単独法を制定させていたエピソードが明らかにされた。一般にはほとんど知られていない秘話である。

このエピソードを裏づける証拠として取り上げられたのは、「北海道土人陳述書」(甲第一〇三号証の一、二)だった。この文書には、明治二八年に平取アイヌが上京して帝国議会の貴族院に陳情を行ない、それに関連して貴族院議員が北海道庁長官に連絡をとった際の、書簡類、道庁の弁明書、道庁が添付した原資料の写しなどが収録されている。極めて信頼度の高い資料であり、これをもとに歴史学者の高倉新一郎が『新版アイヌ政策史』(甲第一〇四号証)の中で十勝の一件について触れている。その記述の紹介を中心に証言がなされた。

井上 (甲第一〇四号証を示す)高倉新一郎氏は、……(中略)ここで、十勝アイヌの共有財産の問題について記述しております。内容をかいつまんで説明いたしますと、十勝アイヌの共有財産は、この五〇三ページの真ん中の部分ですが、財産総額が五万円を超えました。「五万三八〇〇余円に達した」というふうに書かれております。それが、……(中略)明治二三年、北海道庁はその直接管理を廃して、釧路郡長へその管理を委任すると、郡長はこれを挙げて大津村の有力者に委託して管理させたと、それで問題が起こったと、この管理者が不適切な管理を行なったと、それで刑事事件までも引き起こすに至ったと。しかもこの間、あるいは盗難に遭い、あるいは費消され、資金の滅亡すくなからず、融通した金額は多く不良貸付となって回収の見込みが立たないものさえあったと。

明治二六年、道庁がその間を奔走し、アイヌ民族の希望にもとづいてと書いてありますが、不明なるもの・回収不能なるものは棄捐《きえん》し、現在高を組合員たるアイヌの代表者名に分かち、一部は各自に分配し、一部はさらに財産管理法を設けて郡長が個人の資格でその保管・利殖・出納のことを掌ることとした、というふうに書いてあります。

――さらに、どのような抗議運動等の問題点が書かれているか教えていただけますか。

井上 高倉新一郎氏は、株券問題について、五〇五ページの中央部分ですが、明治二三年、道庁が土人保護嘱託者に引き継いだ株券は、北海道庁が援助設立した札幌製糖会社ならびに北海道製麻会社のものと変わったと。共同運輸会社は日本郵船となって、配当がすこぶるよかったんだけれども、ところが、アイヌ民族の共有財産が変えられた製麻会社、製糖会社の両会社の事業が少なくて、配当がないばかりか、製糖会社などは未払金を要求されて、株券の一部を売却してこれに充てねばならないという状態で、その損失は少なくなかったという点を指摘しています。

五〇六ページでは、当時の新聞でこれがスキャンダルになりました。「さらに当時の新聞をして『恩賜金を以って相場を試みし理事官あり』とさえ極言させている」と。これは新聞記事の指摘であります。そうしまして、「こうした輿論の趣旨は敢えて当たらずとしても、当路の者が、最初土人取締人の意志に反して御用会社の株券を購入させ」、これは共同運輸会社であります。「後またこれを他の御用会社の」、これは製麻会社と製糖会社であります。高倉新一郎氏は御用会社と言っておりますが、「それに転じたのであって、明らかに資金を利用したものといえよう」というふうに指摘しております。

——この点の記述について、先生はどのように評価されていますか。

井上　これは、当時の「北海道土人陳述書」、あるいは「十勝外四郡土人關係書類」、そのほか公文書、阿部正己氏の研究などを引用しておりますので、信頼できる研究であるというふうに評価しております。

——ということは、共有財産として、旧法の制定前のことですけれども、御用会社の株にどんどんと財産が変わっていって、最終的になくなってしまったというようなことなんでしょうか。

井上　そうです。……（以下略）

まさにアイヌの共有財産を管理者が食い物にしていたと言える。こうしたいい加減な資産運用が、やがてアイヌの生活を圧迫することになった。十勝のアイヌたちは春に蒔く種や農具にさえ事欠き、餓死も必死という状態に追い込まれるが、救済を訴えた先の郡長や道庁はいっこうに救いの手を差し伸べようとしない。その窮状は、「十勝外四郡土人關係書類」に詳しく残されている。これは膨大な原資料を綴じこんだもので、井上さんは抄録（甲第一〇八号証の二）を証拠書類として提出している。その要点が紹介された。

――カナ交じりの文で書かれていますが、端的にどのような内容が記されているか、教えていただけますか。

井上　これは、アイヌ民族が郡長あてに提出しました上申書、届書、願書類がとじられているものの一部であります。アイヌ民族が何を指摘しているかということを申し上げますと、解読の二ページにありますが、株券の問題、その個所がマークしてあります。それから六ページ目、管理者がアイヌ民族に対して一回も清算（注・「精算」の誤記か？）報告をしていないというような、これは一例でありますが、不適当な管理について郡長あてに上申をしております。これが第一点であります。

もう一つは、郡長に対しまして、一ページ目に、郡長がアイヌ民族の出しました要望に対しまして、適当な書類を送らせているということを各所で指摘しております。それから、四ページの二つ目の書類です。マークしてある部分ですが、宮本旧郡長が、焦げ付きました貸金をアイヌ民族からその管理者に対して恵投せよというふうに、圧言をもって圧力をかけたと、そして、処分を帳消しにさせたと、そういう前郡長の行為に対しまして、アイヌ民族のほうから抗議をしております。アイヌ民族自身は、この願書の中の三ページ目で述べていますが、「本年ヨリ私共自営致候ニ付」、これは十勝の河口部で行なっておりました鮭の漁業でありますが、そのアイヌ民族の共有財産である漁場を返してほしいと。そして、自分たちにその鮭漁を再び自営させてほしいという願書を出しております。そういう願書を出した理由といいますのは、四ページ目にマークした部分ですが、旧土人管理者の不正な管理のために、四年間、自分たちは田畑を捨てて、ほかの地域の漁夫になって働いたと。それで、田畑はことごとく草原に変じたと。そのために、器具、種物、農具も種子もないと、そういうことを訴えております。

その次の部分では、「一旧土人、御保護の義」と書いてありますが、旧土人の保護のことを釧路郡役所にお任せして以来、アイヌ民族は自営を束縛されて困難していると。現に本年は、三一二戸が農具も種もなくて困っていると。共有財産の利子か、あるいは現金を使って、種そのほかを買えるように保護を求めた、それを三月中に出願したんだけれども、この願書が出されております六月になっても何らの沙汰もないと。ついに種まきの季をなくしたと。今年の冬は飢餓に迫ることは疑いがないと。それで、旧土人が、共同の鮭の自営漁業をしたいと。それは、「雪中ノ食ニ充ツル」と書いてありますが、営業のための漁業ではありませんで、アイヌ民族の生活のため、これは伝統的なレベルだと思いますが、そういう漁業のために、漁場取戻しの件を出願したんだということを、これは郡長ではありませんで、道庁の内務部長にじかに訴えております。

それから、その文章の後半のほうでは、こういうふうに言ってます。「吾等旧土人ハ」、アイヌは、「相当ノ財産アルモ」、十勝アイヌは多額の財産を持っておりました。「圧制セラレ束縛ノ下ニ苦シミ、自営活計ヲ妨ケラレ、重罪人ノ治産ヲ禁セラレタルモノ如ク」であると。さらにその後は、「三百拾弐戸無業ニ苦シミ」、これは文字どおり業がないということですが、「雪中ノ餓死ヲ免レザルニ就キ、電報ヲ以テ」、至急、郡長に対して指示を出してほしいということを、道庁の内務部長にあてて訴えております。これが三点目であります。

郡長自らが不正の片棒をかついでアイヌを追いつめていったのである。しかし、アイヌたちも黙っていなかった。十勝のアイヌたちが結束して猛烈な抗議運動を起こしたのだ。井上さんの証言は続く。

෴十勝アイヌが法律を作らせた

井上　四点目は、一ページ目に書いてありますが、こういうアイヌ民族の要求に対しまして、アイヌ民族の運動が高揚しておりました。それで、これは七月の上申書ですが、マークをつけた部分ですが、「過日郡長ニ於テハ、白仁参事官ト」、参事官は道庁の高級官吏ですが、「御協議ノ上」、その参事官と協議をして、何分穏当に処分したいと。「旧土人ニ自営セシムル旨、旧土人幷《ならび》ニ私ヘモ」、私というのは、この総代人の大津蔵之助、和人でありますが、「御申聞之次第モ御座候」というふうに言ったというふうにアイヌ民族が言っております。そういうような措置をするというようなことを、郡長と、道庁から派遣されました参事官が処理をしたというようなことをうかがわせる部分がございます。

――このようなアイヌの方々の陳述、それから、抗議運動というのが、明治二五年ごろ活発になっていったということでよろしいんでしょうか。

井上　はい、そのとおりです。

――明治二五年ごろの抗議運動を契機として、新しい法律といいますが、十勝の共有財産の管理に関しまして法律ができたと思うんですが、それはどのような法律ですか。

井上　これは「北海道土人陳述書」に収録されております。

――何という名前の法規範でしょうか。

井上　古民財産管理法だと思います。

……（中略）

――古民財産管理法、正確には「十勝国中川河西河東上川郡古民財産管理法」という名前の法律ですけれども、これは、旧法（＝旧土法）との対比でどのような特徴があるのでしょうか。

井上　この法律は、第七条に記されておりますが、「総テ惣代人ノ申出ニシテ正確ナルモノニアラサレハ支出セス」というふうに明記されております。第一二条では、通常報告、決算報告が厳密に規定されております。第一四条、第一五条では、管理人の義務が書かれております。第一四条のはじめの部分には、「凡ソ他人ノ財産ヲ管理スル者ハ」という他人の財産を管理する者の心得が書かれてあります。それから、先ほど第七条に「総テ惣代人ノ申出ニシテ」というふうに書かれておりましたが、この「惣代人」といいますのは、第一条のところに、「十勝国中川河西河東上川郡古民総代『トレツ』ヨリ」と書いてありますが、これはアイヌ自身の総代であります。

――旧法では、財産の管理に関してアイヌ民族の関与というのがまったくなかったということなんでしょうか。

井上 そのとおりです。

――それに対して、古民財産管理法というものは、アイヌ民族の意思を反映した形での財産管理を規定したものと理解してよろしいでしょうか。

井上 そのとおりです。

古民財産法には、アイヌ自身の総代が申し出た正確なものでなければ、支出ができないと規定されているのである。このようにアイヌ民族の関与を認めただけでなく、他人の財産を管理する者の義務まで明記してあるという。旧土法に先立つ法律なのに、その内容において旧土法よりもずっと進んでいるのだ。アイヌ自身の強力な運動が一つの法律を生んだという、この歴史的事実の紹介は、原告団らを大いに元気づけるものだった。閉廷後の集会でも、「先人に見習え」という趣旨の発言が相次いだ。それはともかく、尋問は、翻って旧土法下での財産管理をどう評価するかに移った。

――以上のような旧法の制定経緯、旧法下での問題点を勘案して、旧法下での共有財産の管理というものを、先生はどのように評価されますか。

井上 旧法の第一〇条では、長官が管理すると、それで、長官が処分し、分割し、長官自らが指定すると書かれております。それから、旧土人共有財産の管理規程によりますと、その財産は使用目的以外には使用できないというふうに書かれておりまして、その使用目的といいますのは、教育と備荒《びこう》であります。備荒といいますのは、いわゆる救貧であります。これは、アイヌ民族の自らの財産を自分たちの生業に生かすという道をまったく閉ざしたものであります。

そういう意味で、旧法は、古民財産管理法、まあ古民財産管理法も子細に見ますと、アイヌ民族の要求を全面的に受け入れたものではありませんが、少なくともアイヌ民族が決算書類、帳簿などを点検し、あるいは、その支出に関してアイヌ民族の要望を出すことができました。そういうものとはまったく反した管理法であります。私が専門家として率直に申し上げますと、これは、アイヌ民族の保護は旧土人保護法にのっとって運営されたわけでありますが、アイヌ民族の財産を取り上げたというのに等しいと思います。

――旧法は、先生から見て、アイヌ民族を保護するものであったと言えますか。

井上 これは、先ほどの第一条の土地下付の問題、それと国有未開地処分法との関係で申し上げましたが、アイヌ民族を保護するというものとは、当時の歴史的背景全体を考えまして、これはまったく言えないと思います。

「アイヌ民族の財産を取り上げた」法律が旧土法だった。その法律の廃止にもとづいて、「取り上げ」ておいた財産をアイヌに返すのが、今回の返還公告だったのだ。制定時も無理無体なやり方なら、廃止時もまたそれにふさわしい無体ぶりと言えようか。この一連の尋問の中で井上さんは、佐藤弁護士の「今後の調査によって、旧法下における財産管理の問題点を示す資料がまだ発見される可能性があるというふうに先生はお考えになりますか」との問いかけに、「はい、考えております」と明確に肯定している。

墓穴を掘る反対尋問

主尋問が終わった。けっして「できの悪い学生」の質問ではなかったことが、おわかりいただけるだろう。対する井上教授の回答も、実証的で説得力にあふれるものだったことは、言うまでもない。

とりわけ、古民財産法のくだりでは廷内が静まり返り、大学の面白い講義にみんなが集中して聞き入るような雰囲気があった。私もメモをとりながら感心し、いいことを教えてもらって得をしたような気分になっていた。

ところが、続く反対尋問が、お粗末きわまるものだった。特に、二人目の女性代理人の尋問では、アイヌ史への無知、無理解から来るピント外れの質問が繰り返され、原告席と傍聴席からは失笑の渦がしばしば沸き起こった。すると、代理人はそのたびに顔を上気させ目をつり上げて、裁判長に傍聴席を黙らせるよう求めた。しかし、裁判長は「発言を続けてください」と促すだけ。時に代理人は次なる質問を出せずに絶句するなど、われを忘れてしまう狼狽ぶりをさらした。

主尋問がとても充実していたので、このドタバタ劇は巧まずして被告側のお粗末さを浮き彫りにしてくれた。道庁側がどれほどアイヌ史について無知なまま法廷に臨んでいるかを証明してくれるので、反対尋問もハイライト部分をできるだけ忠実に再現しておこう。

まずは、桂井孝教代理人が、アイヌ近代史の中心的研究者らの名前を挙げ、その一人、井上さんの意見書の中でも著作を引用している麓慎一氏の記述を取り上げた。十勝の共有財産の結末をめぐって、解釈論争が展開される。

被告側代理人・桂井孝教　（乙第一七号証を示す）麓さんの「近代日本とアイヌ社会」、六二ページによりますと、「その後、釧路郡長は、この問題の根本的な解決を行なっている。十勝地域の帯広村と大津村のアイヌと協議し、『共有金』問題に決着をつけたのである」と記載されているわけですよね。

井上　はい。

――この記載というのは、麓さんは、当該共有財産については解決を見たというふうに考えていたのではないかと読めるんですが、証人はそういうふうには考えておられないということになるんでしょうか。

井上　思いません。

――六三ページ、「しかし」以下の部分、先ほど、甲第一〇八号証の二でも出てきた、江政敏さんが取締人を解任されたことや、江政敏の漁場が一部返却されたことが挙げられていますが、一つの問題解決ということだったというふうには考えられないんでしょうか。

井上　「一つには」というところは、帝国議会で白仁武が、共有金に関して、これは、その取扱いが妥当でなかったということを明確に証言したと、その部分のことであります。これはよく知られた事実であります。江政敏は、旧土人取締人を解任されました。それから、「また一つには」というのは、江政敏の漁場が、ここに麓さんは明記されておりますけれども、一部返却であります。一部が返却されたというふうに書いております。その前に、麓さんが、「根本的な解決を行なっている」と書いておられますのは、どういうレベルの根本的な解決なのか、私は今すぐわかりません。

――それは、やはり同じ研究者の方々でも、それぞれ評価が違うという一例というふうに理解してよろしいでしょうか。

井上　それぞれの書き方も違うということだと思います。それぞれのいろんなニュアンス、慎重な書き方をされる方もいらっしゃいます。

――見方と角度による書き方も、ニュアンスも自ずと一致するものではないと。

井上　いいえ、事実認識は、たとえば帝国議会の白仁武の証言を確認しているというようなところでは、まったく一致しております。

――前提は一致しているということですね。

井上　はい。まったく事実関係は一致しております。

漁場が一部しか返却されていないのに「根本的な解決を行なっている」というのは、やはり腑に落ちない見方だ。帝国議会で白仁武参事官が「取扱いが妥当でない」とまで証言しているのである。被告側代理人は麓説を引用して井上証言を崩そうとしたのだが、空振りに終わった。それならと、次は新聞記事を持ち出した。

――（乙第一八号証を示す）四〇ページ、当時の新聞記事ということになりますけれども、これによりますと、五カ所の漁場の件については決着済みだというふうに報じられているんですが、証人はこの記事については、どう御判断されるのでしょうか。

井上　これも率直に申し上げますが、私ども研究者がこういう新聞記事を使う場合には、その新聞記事をそのまま資料としては用いません。第一次資料と参照しまして、こういう新聞記事を資料として扱います。新聞記事の最後に、「一先づ紛擾《ふんじょう》を結着するに至りたり」と書いてあるからといって、その紛擾が解決したというふうには資料で取扱いません。それは、先ほどの証言で申し上げたとおりであります。

――当時の社会の評価の一部には、そういう評価もあったと。

井上　新聞記事にはそういうものがあったことは事実です。

歴史研究上の資料評価の問題である。残念ながら、被告側代理人が出してきた新聞記事は第一次資料として扱われることがないのだ。学問の方法を承知しない質問と言える。すべてがすべて、と言ってもよいかもしれない。反対尋問はことごとく井上さんに跳ね返され、代理人は質問を重ねるごとに自らの墓穴を深く掘っていった。たとえば、アイヌにも適用される権利がありながら現実にはほとんど適用されなかった「北海道国有未開地処分法」（一八九七年・明治三〇年制定）についての尋問も、そうだ。

――（井上証人は）甲七七号証の意見書の一三ページの一行目、「現地北海道の官吏らは、アイヌ民族を『寛大』に『保護』された『保護民』として、国有未開地処分法の一般規程適用を拒否したのである」と述べるわけですけれども、これは、どうしてそういうふうにお考えになるんかということについてお尋ねします。

井上　この根拠でしょうか。

――はい。

井上　これは、先ほどの証言でも出てきました文献ですが、貝澤正さんの「アイヌわが人生」の中で、一九三一年だったと思いますが、そのときに、自分たちは一般法によって土地の付与を出願しても、おまえたちは寛大に保護されたアイヌ民族だからということで、付与を拒否されるということ、保護民が何を言うかというふうに、あしらわれたということを証言しております。

――そういう事例があったから、そういうご判断をされたということですか。

井上　それと完全に一致するわけではありませんが、先ほど証言しましたシムカップ原野での土地下付の出願が、「寛大ナル土人保護法ニヨリ蒙昧頑愚ノ土人ニ権利ヲ与フルハ地方発達上ニ一大打撃ヲ加フル」という理由で拒否されております。これは、厳密に申しますと完全に一致する事例ではないのでありますが、そういうことが理由として出されたということであります。それを資料的に裏づけられていると思います。そういう証言はほかにもあります。

――そういう事例が一次資料の中などに散見されるからということで、一般規程が拒否されたという結論に達したということですか。

井上　一次資料にそういうものがありまして、それから、アイヌ民族の中で、そういう扱いを受けたという証言がアイヌ民族自身から出されているということを勘案しまして、そういうふうに申し上げているのであります。

――同じく意見書の一二ページの九行目に、「国有未開地処分法による付与事例もあるが」という記載があるんですけれども、その部分と先ほどのお答えと矛盾するんじゃないかという気がするんですが、いかがなんでしょうか。

井上　矛盾するとおっしゃる理由が、私には理解できません。どのように矛盾するのか、お教えいただきたいと思います。

——一般規程の適用を拒否されたということは、拒否された例もあるけれども、国有未開地処分法による付与を受けた事例もあると、こういうことになるんですか。

井上　国有未開地処分法による付与事例があることは、よく知られています。中には中規模の土地を付与されたアイヌもいます。それは、先ほどの談話会（注・昭和一〇年開催「舊土人保護施設改善座談會」）の中で、アイヌ民族は能力がないのであって、そういう適当な経営規模の土地が与えられれば、しっかり経営しているんだということで、アイヌ民族自身の証言など、それはたくさんございます。ただ、そういう付与事例は少数であったということが一般的に言われております。

——少数ではあるけれども、あると。

井上　そのとおりです。

ここで問題となっている北海道国有未開地処分法は、貴族院の華族らの圧力で成立したといわれる法律だ。貸付面積は開墾が一五〇万坪、牧畜二五〇万坪、植樹二〇〇万坪という大規模なもので、無償で一〇年、有償で一五年間貸付され、成功したら土地をただでもらうことができ、そのうえ二〇年間は無税という格段に好条件の内容である。そして、現実には華族や政商、高級官僚、大資本らが群がり、うまい汁を吸った。

シムカップ原野の話は、一九〇七年に大水害で被害を受けた平取の荷菜《になな》など沙流《さる》川筋のアイヌ三七戸が、勇払郡シムカップ原野の土地を旧土法にもとづき下付するよう出願したのに、室蘭支庁長が北海道庁長官に対して不許可の処分をするよう上申したというものだ。山林の乱開発が水害を起こしたので、それを防ごうとしたのだが、不許可の理由は「寛大ナル土人保護法ニヨリ蒙昧頑愚ノ土人ニ権利ヲ与フルハ地方発達上ニ一大打撃ヲ加フル」というものだった。これは北海道国有未開地処分法の事例ではないが、アイヌ保護を謳った旧土法の適用でさえこうだった、未開地処分法ではなおのことという傍証だ。

こうした実態があるのに、ごくわずかの例外的なアイヌ付与例を持ち出して、「アイヌは適用を拒否されなかった」と言えるのだろうか。しかも、拒否されたことを裏づける一次資料やアイヌ自身の証言がふんだんにある。そして、その拒否理由は、二年後の一八九九年にできた旧土法で「寛大」に「保護」されているからというものだったのである。

時代錯誤の発言に失笑の渦

この後も重箱の隅をつっつくような尋問が続き、次の女性代理人にバトンタッチされた。今度はのっけから驚くべき質問が飛び出し、廷内がどよめいた。

被告側代理人・田口治美　先ほどの主尋問の中でも、旧土人保護法の制定の経過にかかわる話が出ましたが、文献の中には、旧土人保護法の制定の趣旨として、このようなことが書かれているものがあるのですが、それについての証人の見解を伺いたいと思います。管理能力のないアイヌの人々の財産の浪費、散逸を防ぎ、もって同族の保護の政策を遂行するために、この旧土人保護法が制定されたんだというふうな見解もあるのですが、それに対しては、証人はどういうお考えなのでしょうか。

井上 どういうお考えというのは、どういうことを申し上げればよろしいのでしょうか。

――旧土人保護法が、アイヌの財産管理に関して、保護するための政策として制定されたんだという見解があると思われますが、それについては、証人はどう評価されているのでしょうか。

井上 そういう見解があるということは知っております。そういう見解が間違いであるということは、はっきりと申し上げます。

――証人は、それは間違いであるという見解に立っていらっしゃるということでよろしいですか。

井上 そのとおりです。

失笑、ブーイングの渦が巻き起こった。何を考えているのだろう、この代理人は。アイヌの人たちが何のためにこの裁判を起こしたのか。そして、これまでの一審、二審の四年間もの審理で何を論じて来たのだろう。そのすべてを無視し、無化するような、噴飯ものの質問である。旧土法自体の差別性、その法律にもとづく共有財産のずさんな管理、その挙げ句の権力的で一方的な返還方法が、厳しく問われてきたのではなかったのか。

この代理人が紹介した見方は、百年前の和人の見方そのもの、そして、そのままである。帝国議会でこの法案の最初の提案者・加藤政之助が「無知蒙昧なアイヌ」を「義侠心に富みたる日本人が」恩恵的に保護してやるのだと大演説した、その内容から一歩も出ていない。それこそ「無知蒙昧」な尋問はさらに続く。これこそ本当の「できの悪い学生」の質問と言える。

——（甲第一一〇号証を示す）二ページを見てください。これは、先ほど来、貴族院の議事速記録として何度も示されているものですが、上段部分、政府委員の話から入りますが、「本案提出ノ理由ハ」ということで、ここで、旧土人保護法の提出理由を述べた後に、議員の一人の質問ということで、子爵・曽我という方から質問があり、その中で、「本案ハ誠ニ結構ナ案デ本員等ハ此ノ案ノ出ルコトヲ数年前ヨリ希望致シテ居リマシタガ」というような記載がありますが、これは証人はご存じですか。

井上　読んだことがあります。

——曽我さんという方が、議員のお一人として、「本案ハ誠ニ結構ナ案デ本員等ハ此ノ案ノ出ルコトヲ数年前ヨリ希望致シテ居リマシタ」というふうに書いておりますが、議員の方は、こういう見解を持っていたということはよろしいですか。

井上　よろしいんじゃないでしょうか。

――こういうことからすると、後から振り返ってどうだったかということはともかくとして、この時代における議員、ないし議会の検討結果としては、アイヌ保護のための旧土人保護法の制定は必要だったという者が多数だったということになるのじゃないでしょうか。

井上　そういうことにはならないと思いますが。

――主尋問で旧土人保護法の指定後の共有財産の管理の関係についてお話があったのですが、結論としては、旧土人保護法による指定後の共有財産の管理については、適正なのか不適正なのかについては、証人の見解はどういう見解になるんですか。

井上　私の意見は、証言の中で申し上げましたが、管理の経過が適正であるかどうかは、今まで一度も検証されたことはありません。それで、資料を見ますと、吉田巌の日記のように不適正であるということを示す資料がございますし、資料を調査すれば、今までまったく報告も監査もされていないわけでありますから、管理の経過が明らかになってくる部分がたくさんあるというふうに考えております。

――ただ、結論としては、調査されていないので、適正か不適正かという断定はまだできる状況ではないというのが証人の見解なのでしょうか。

井上　いいえ、そうではありません。不適正だということを示す資料があるということを今日、証言いたしました。

❀道側調査は原資料に当たっていない

支離滅裂な反対尋問が続いた。紹介する意味のないやりとりしかないので省くが、むしろ原告側に有利な証言が導かれ、主尋問の内容を補完してくれる結果にさえなっていた。最後に、原告側弁護団長の村松弁護士が尋問に立ち、公告に際して道側が行なった調査のずさんさをえぐりだし、締めくくった。

原告側代理人・村松弘康　（甲第九五号証を示す）この資料は何だというふうにお考えになりますか。

井上　これは題名が「旧土人保護法（共有財産）関係調査資料リスト」とありまして、私の記憶によりますと、小川隆吉さんの開示請求によりまして、共有財産の管理状況の明細書とともに道庁が情報開示した資料であるというふうに記憶しております。

――そうしますと、このリストにもとづいて、道が今回公告した共有財産特定作業を行なったと、その資料というふうに理解してよろしいでしょうか。

井上　ええ、調査された資料のリストであると思います。

――この資料を見まして、先生の先ほどからおっしゃっている、いわゆる原資料、もしくは一次資料といいますか、そういう資料は含まれているのでしょうか。

井上　これは含まれておりません。

――原審の地方裁判所のとき、平成一二年二月四日付の被控訴人（＝被告）の準備書面を読みますが、「被告は共有財産返還手続きに当たり、それまで被告が管理していた共有財産について、その指定経緯や改廃状況を十分に調査したうえで、返還の対象となるすべての共有財産を公告している」と、これは被控訴人の主張ですが、すべての共有財産を特定する、その管理経過も含めて、それから、漏れがないかどうかも。つまり、この甲九五号証の資料で特定することはできるとお考えですか。

井上　できないと思います。

――できない理由は、先ほどおっしゃったように、一次資料、原資料に当たらない限り、そういう本格的な調査を行なわない限り、特定ができないというふうに伺ってよろしいでしょうか。

井上　たとえば、この関係調査資料リストは、三種類に分かれております。一つは行政概要、これは北海道庁が出した冊子類ですね。それから、市町村史はたしか九点だったと思いますが、市町村史が挙げられておりますが、共有財産が記述されておりますのが、一ページ、あるいは、この二、三行の文献にほとんどあります。それから、政策史としましては、北海道庁が作成いたしました「北海道舊土人保護沿革史」と、高倉新一郎氏の「新版アイヌ政策史」が挙げられております。

たとえば、私、専門家としての意見を申し上げますと、北海道庁が刊行しました「北海道舊土人」

第８回口頭弁論後の集会で挨拶する井上さん

の記述は、これはアイヌ民族の風俗、宗教、病気、習慣、そのようなものをすべて含めたもので、しかも全体が大体五〇ページに満たない、しかも大きな活字で書かれた、先ほども出されておりますが、そういうものであります。そして、先ほども証言しましたが、その記述は政策を批判的に点検するというようなものではまったくありません。先ほど教育問題について私が証言しましたが、不正確な記述があると、これは、研究者は、こういうものによって管理経過を調査するということはありません。研究者にとっては、そういう調査は考えられないものであります。

――先生のこれまで調査された結論をお聞きしたいんですが、道は一次資料に当たって共有財産を特定していったと、そういう形跡はあるのでしょうか。

井上　わかりませんが、先ほどの証言で申し上げましたが、公表されていない調査は調査されていないと同じであります。公表されていない以上、それは調査されたと認められません。

資料リストにもとづいて、公告に先立つ調査が行なわれた。しかし、この資料リストには一次資料がまったくない。自分のところで発行した冊子類、市町村史が九点、それから政策史が二点のみ。これで「十分な調査」をして「すべてを公告した」と豪語しているのである。学問的謙虚さはもちろん、行政機関としての責任感さえ感じられない。感じられるのは、とにかく速く片づけてしまいたいという焦りだけである。拙速と言うしかない。

閉廷後の集会で、井上さんはこんな挨拶をした。

「昨晩の一一時頃、作り直した尋問項目が自宅のファックスに入りました。寝て、三時に起きて練習して、また寝ました（爆笑）。一番効果的に証言するにはどうしたらいいか、いろんな方の叡智を凝らしました。証言している時、一番印象に残っているのは、道側の反対尋問があまりにひどいことです。一次資料を見ていないことが疑いなく明らかになりましたね。出てくる反対資料が道庁のパンフに等しい冊子類です。いやしくも私は専門家でして、専門家に対する尋問として失礼です（笑い、拍手）。アイヌ民族史への初歩的理解なくして尋問していることに、改めて衝撃を受けました。この問題は継続して闘う必要があると思いました」

道側の代理人がアイヌ史の勉強をまったくしていないことには、私もショックを受けていた。まさか、こんなレベルの低い論戦を見せられようとは。勉強していないから、公告手続きという狭い範囲の法解釈論に絞らざるを得なかったのではないか。もし勉強をしていたら、法解釈論でお茶を濁すことはできなくなったことだろう。そして、道庁の公告に大きな欠陥があることも、直視せざるを得なくなったことだろう。そうなれば、被告側の弁護は務まらなくなってしまう。だから、アイヌ史の中身には立ち入らない。——こんな悪しき循環があるのかもしれない。

他方、原告側の代理人はアイヌ史の細部にまで分け入り、原告の意見陳述や証人尋問を上手に組み立てていった。それは口頭弁論の回を重ねるごとに、より精緻で確かなものになっていった感がする。両者の間にどうしてこんなに差が生じたのだろう。素朴な疑問を房川弁護士にぶつけてみたら、こんな答えが返ってきた。

「私たちもアイヌ史はほとんど知りませんでした。でも、原告や支援者、研究者らから教えてもらい、必死に勉強を重ねてきました。この積み重ねが大きいでしょうね。それに対して、あちら側はこうした作業がまったくなかったはずです。ですから、その差は開くばかりになったのです」

一審では、被告が「訴えの利益」論を主張し、判決もそれを採用して、原告の訴えを門前払いした。その限りにおいては、アイヌの被抑圧・被差別の歴史を勉強する必要がなかった。しかし、二審では原告側の粘り強い要求により、待望の実体審理入りが実現した。この実体審理では、アイヌ史の具体的事実とそれらについての理解が問われざるをえない。知識の多寡、理解の深浅の度合いが双方でどうだったかは、今、見てきたとおりである。原告側が圧倒的に被告側を凌駕しきったことは、誰の目にも疑いがない。そして、今回の公告の違法性が、衆人の目の前に明らかにされたと言えるだろう。

▩今度は司法が問われる番だ

集会のあと、原告と支援者らは二〇人ほどで近くのレストランへ行き、昼食を共にした。たまたま私の席の前に、滝沢さん、井上さんの証人二人が座った。他の人たちがランチを注文している中で、このお二人は生ビールを注文し、二人で乾杯を始めた。ジョッキを打ち鳴らし、ちょっとした勝利気分を味わっているようだ。

だが、裁判はまだ終わっていない。判決がどう出るかもわからない。でも、私も午後からの取材がなければ、一緒にビールで乾杯したい気分だった。それほど、原告と支援者ら、そしてここ二回の主役となった証人にとっては、大きな一仕事をやり終えた満足感があったはずだ。けっしてオゴリではなく、束の間の「祝勝気分」にひたっても悪くはないなと思った。それほどまで、ここに至る道が険しかったとも言える。

ビールでちょっと上気した顔の井上さんが私に、「今日の証人尋問、どんな感想を持ちましたか」と尋ねてきた。「実におもしろかったです。こんな面白い裁判、これまで見たことがありませんでした。ただし、それにしても反対尋問はひどかったですね」と私は答え、井上さんと滝沢さんが顔を見合わせて笑った。

第九回口頭弁論は三月四日に開かれ、原告、被告双方の最終準備書面が提出され、結審となった。判決は五月二七日午前一一時から同高裁で言い渡される。どちらの弁論がすぐれていたかは言をまたないが、判断を下すのは裁判所である。原告らは、一度は門前払いされた裁判所の扉をこじ開け、堂々たる実体審理を展開した。歴史的事実の数々を例示し、ずさんな管理の一部を白日のもとにさらし、膨大な未調査資料の存在を指摘した。道側の資料調査のお粗末さ、歴史認識の貧しさも明るみに出した。裁判所の外堀はここまで埋められた。今度問われるのは、日本の司法のあり方なのである。

どちらが勝っても、この裁判が最高裁まで行くのは間違いない。歴史に汚点を残さない判決が出るよう、多くの国民が目を凝らして監視する必要がある。とりあえず、この本が出版されて間もなく、二審の判決が出されるはずである。一世紀余にわたる理不尽をきれいに清算してくれる聡明な判断が下されるよう、大いに期待しよう。

あとがき

「やがて、この小石一つ、アイヌの自由にならず」。本書を書き終えた今も、本文で紹介したこの言葉が私の心から離れない。過去一世紀余の、日本社会におけるアイヌの人たちの境遇をここまで見事に言い当てた言葉を、私はほかに知らない。この予言が不幸にも的中し、「やがて」がほどなく「今」になり、その状態がずっと続いてきた。

この間、日本社会は民主化が進み、人権意識も発達した。現在ではさすがに、この言葉のような露骨な差別的扱いは、社会の表面から姿を消したかに見える。しかし、アイヌの共有財産を返すに際してとった、北海道庁の態度はどうだろう。アイヌの財産を一世紀ぶりに返すというのに、一方的、権力的な公告と手続きで事足れりとし、アイヌ民族の意向を反映させるシステムをまったく採ろうとはしなかった。

そこには誠意も反省も感じられない。誤った「今」の状態をきれいに清算しようというなら、もっと誠意を尽くしたやり方があろうというものだ。すなわち、「北海道旧土人保護法」の廃止が明治以来の間違ったアイヌ政策の総決算であるなら、その廃止にもとづく財産返還はアイヌの立場と人権を最大限に尊重した形で行なわれるべきなのである。ところが、現実がその逆を行くものであるとしたら、一皮むいた社会の実相は「小石一つ、アイヌの自由にならず」という状態がまだ続いていると言わざるをえない。

そう考えると、この裁判で問われているのは、私たちの社会のあり方そのものと言えそうである。殺伐とした風潮が世の中に蔓延し、「勝てば官軍」的な現実主義が幅を利かせてきている。いつしか理想を語ることも少なくなり、とにかく力を握り、一方的に既成事実をつくった方が勝ちというムードが強まっている。そうした中では、少数者の声は無視され、まっとうな意見も通らなくなる。こんな現状に渾身の力を込めて振り下ろした、日本社会再生への一撃がこの裁判だ、と私は思う。

まもなく出る札幌高裁の判決がどちらに転ぼうが、訴訟は最高裁まで持ち込まれるはずだ。私が本書を書いたのは、理不尽な現実がごり押しされることに憤りを感じたからだった。この理不尽にまっとうな異議申し立てをする原告たちの闘いを、本書が「紙つぶて」となって支援できたら幸いである。多くの読者がこの裁判に注目し、しっかりと行方を見守ってくれるよう、お願い申し上げる。
最後に、取材にご協力いただいた原告団、弁護団、支援する会の方たちに厚く御礼を申し上げる。とりわけ、支援する会の大脇徳芳事務局長には、大変お世話いただいた。そのご協力がなければ、本書は成り立たなかったことだろう。また今回も、緑風出版社長の高須次郎さんが粘り強い伴走をしてくれた。深く感謝申し上げる。

二〇〇四年三月四日　二審結審の日に

小笠原　信之

〈著者略歴〉

小笠原信之（おがさわら　のぶゆき）

新聞記者を経てフリージャーナリスト。1947年、東京都生まれ。北海道大学法学部卒業。医療・生命・環境・労働・アイヌ差別などの問題に関心をもち、著述活動を続けている。著書に、『アイヌ近現代史読本』（緑風出版）『プロブレムQ＆A　アイヌ差別問題読本』（同）『しょっぱい河』（記録社）『塀のなかの民主主義』（潮出版社）『プロブレムQ＆A　許されるのか？安楽死』（緑風出版）『「がん」を生きる人々』（時事通信社）など、訳書に『操られる死』（共訳、時事通信社）『がんサバイバル』（緑風出版）などがある。

アイヌ共有財産裁判《きょうゆうざいさんさいばん》―小石一つ自由にならず――

2004年4月1日　初版第1刷発行　定価2200円＋税

著　者　小笠原信之
発行者　高須次郎
発行所　緑風出版
〒113-0033　東京都文京区本郷2-17-5　ツイン壱岐坂
［電話］03-3812-9420　［FAX］03-3812-7262
［E-mail］info@ryokufu.com
［郵便振替］00100-9-30776
［URL］http://www.ryokufu.com/

装　幀　堀内朝彦
写　植　R 企 画
印　刷　モリモト印刷　巣鴨美術印刷
製　本　トキワ製本所
用　紙　大宝紙業　E2000

ISBN4-8461-0403-6　C0036

プロブレムQ&A
どう超えるのか？ 部落差別
［人権と部落観の再発見］
小松克己・塩見鮮一郎著

A5判変並製
二四〇頁
1800円

部落差別はなぜ起こるのか？ 本書は被差別民の登場と部落の成立を歴史に追い、近代日本の形成にその原因を探る。また現代社会での差別を考察しつつ、人間にとって差別とは何であるのかに迫り、どう超えるかを考える。

プロブレムQ&A
在日「外国人」読本［増補版］
［ボーダーレス社会の基礎知識］
佐藤文明著

A5判変並製
一八四頁
1700円

そもそも「日本人」って、どんな人を指すのだろう？ 難民・出稼ぎ外国人・外国人登録・帰化・国際結婚から少数民族・北方諸島問題など、ボーダーレス化する日本社会の中のトラブルを総点検。在日「外国人」の人権を考える。

プロブレムQ&A
在日韓国・朝鮮人読本
［リラックスした関係を求めて］
梁泰昊著

A5判変並製
一九六頁
1800円

世代交代が進み「在日を生きる」意識をもち行動する在日韓国・朝鮮人が増えている。強制連行や創氏改名などの歴史問題から外国人登録や参政権などの生活全般にわたる疑問に答え、差別や偏見を越えた共生の関係を考える。

プロブレムQ&A
同性愛って何？
［わかりあうことから共に生きるために］
伊藤 悟・大江千束・小川葉子・石川大我・簗瀬竜太・大月純子・新井敏之著

A5判変並製
二〇〇頁
1700円

同性愛ってなんだろう？ 家族・友人としてどうすればいい？ 社会的偏見と差別はどうなっているの？ 同性愛者が結婚しようとすると立ちはだかる法的差別？ 聞きたいけど聞けなかった素朴な疑問から共生のためのQ&A。

プロブレムQ&A
性同一性障害って何？
［一人一人の性のありようを大切にするために］
野宮亜紀・針間克己・大島俊之・原科孝雄・虎井まさ衛・内島 豊著

A5判変並製
二六四頁
1800円

戸籍上の性を変更することが認められる特例法が今国会で可決された。性同一性障害は、海外では広く認知されるようになったが、日本はまだまだ偏見が強く難しい。性同一性障害とは何かを理解し、それぞれの生き方を大切にするための書。

プロブレムQ&A
戸籍って何だ
［差別をつくりだすもの］
佐藤文明著

A5判変並製
二六四頁
1900円

日本独自の戸籍制度だが、その内実はあまり知られていない。戸籍研究家と知られる著者が、個人情報との関連や差別問題、外国人登録問題等、幅広く戸籍の問題をとらえ返し、その生い立ちから問題点までやさしく解説。

プロブレムQ&A
個人情報を守るために
［瀕死のプライバシーを救い、監視社会を終わらせよう］
佐藤文明著

A5判変並製
二五六頁
1900円

I・T時代といわれ、簡単に情報を入手できる現在、プライバシーを護るにはどうしたらよいか？　本書は人権に関する現状や法律を踏まえ、自分を護るための方法や、個人情報保護法案の問題点などをわかりやすく解説する。

DNA鑑定
――科学の名による冤罪
天笠啓祐／三浦英明著

四六判上製
二〇一頁
2200円

遺伝子配列の個別性を人物特定に応用した、「DNA鑑定」が脚光を浴びている。しかし捜査当局の旧態依然たる人権感覚と結びつくとき、様々な冤罪が生み出される。本書は具体的事例を検証し、その汎用性に疑問を投げかける。

逮捕・起訴」対策ガイド
――市民のための刑事手続法入門
矢野輝雄著

A5判並製
二〇八頁
2000円

万一、あなたやあなたの家族や友人が犯人扱いされたり、犯人となってしまった場合、どうすればよいのか？　本書はそういう人たちのために、逮捕から起訴、そして裁判から万一の服役まで刑事手続法の一切を、あなたの立場に立って易しく解説。

冤罪と国家賠償
――沖縄ゼネストと松永国賠裁判
松永国賠を闘う会著／井出孫六解説

四六判上製
二九六頁
2400円

沖縄復帰闘争のなかで警官殺害の犯人にデッチ上げられた青年が無実を勝ち取り、人権補償を求めた二十三年の歩み。一青年の人生をズタズタに切り裂きながら、なお国家賠償を拒む国、それを支持する最高裁を指弾する！